JIAOTONG GONGGONG
ZHENGCE ANLIJI

交通公共政策
案例集

王永杰 刘桂花 等 ◎编著

中国财经出版传媒集团

经济科学出版社
Economic Science Press

·北京·

图书在版编目（CIP）数据

交通公共政策案例集/王永杰等编著. --北京：
经济科学出版社，2023.10
ISBN 978 - 7 - 5218 - 5318 - 6

Ⅰ. ①交… Ⅱ. ①王… Ⅲ. ①公共交通系统 - 交通政
策 - 案例 - 中国 Ⅳ. ①F512.0

中国国家版本馆 CIP 数据核字（2023）第 205502 号

责任编辑：周国强 黄双蓉
责任校对：易 超
责任印制：张佳裕

交通公共政策案例集
JIAOTONG GONGGONG ZHENGCE ANLIJI
王永杰 刘桂花 等编著
经济科学出版社出版、发行 新华书店经销
社址：北京市海淀区阜成路甲 28 号 邮编：100142
总编部电话：010 - 88191217 发行部电话：010 - 88191522
网址：www. esp. com. cn
电子邮箱：esp@ esp. com. cn
天猫网店：经济科学出版社旗舰店
网址：http://jjkxcbs. tmall. com
固安华明印业有限公司印装
710 × 1000 16 开 12.75 印张 200000 字
2023 年 10 月第 1 版 2023 年 10 月第 1 次印刷
ISBN 978 - 7 - 5218 - 5318 - 6 定价：68.00 元
（图书出现印装问题，本社负责调换。电话：010 - 88191545）
（版权所有 侵权必究 打击盗版 举报热线：010 - 88191661
QQ：2242791300 营销中心电话：010 - 88191537
电子邮箱：dbts@ esp. com. cn）

前　言

　　党的二十大明确阐释，我国要以中国式现代化全面推进中华民族伟大复兴，完成现代化强国的伟大目标。在中国式现代化进程中，我国公共管理研究与实践回应国家重大需求，在解决实际治理问题、推进社会发展等方面贡献了应有之义。在此背景下，中国公共管理的研究和实践，需要通过挖掘、总结和分析典型公共管理案例，思考现行政策、制度和行为，探讨和总结承接机遇、应对挑战的理念与经验。因此，案例教学是学习公共管理学科的重要环节和手段。

　　案例教学作为将实践问题理论化、系统化，将高水平研究、教学与实践有机融合的重要载体，是公共管理教学中最普遍、最常用的方法。它有助于引导研究生关注公共管理实际问题，提高其综合运用公共管理相关理论和公共政策分析方法科学有效地解决实际问题的能力，培养其开放的执政理念、科学的决策方法和创新的思维方式。

　　西南交通大学公共管理学院充分发挥学校交通学科在全国的领先优势及专业特色，致力于公共管理在交通领域的理论研究和应用研究，立足于促进学科交叉融合、文理渗透、服务社会。为引导广大公共管理专业研究生更加关注现实问题，提升学生分析现实问题的多样性和复杂性的能力，同时在公共管理高等教育中进一步推广案例教学方法，西南交通大学公共管理学院按照交通强国战略的新要求，充分关注交通建设与发展领域的公共政策属性，围绕交通领域的治理实践编写了这本《交通公共政策案例集》。本案例集以具体案例为切入点，结合公共管理理论，对发生在我国交通领域的具有代表性的案例进行剖析。

　　本书是西南交通大学公共管理学院组织编写的首部反映交通领域公共

政策全环节的案例集，专门服务于公共管理领域中的一些主要课程教学，包括公共政策分析、公共管理学、公共危机与应急管理、交通与政策前沿、交通公共政策、公共行政理论与实践等相关课程。其中的每个案例均按"案例正文""案例使用说明"两部分编写，且均附有思考题，"案例使用说明"部分为每道思考题提供了分析要点和思路。当然，这些分析要点仅起抛砖引玉之用，供读者参考，在具体教学和使用过程中可不囿于书中提供的分析思路，提倡各抒己见、博众家之长。

尽管写作水平有限，但是西南交通大学公共管理学院案例编写组仍在不懈努力，试图将最好的中国交通公共管理案例呈现在读者面前。在反复认真地审阅之后，这些案例仍然可能存在错误和问题，请读者批评指正。希望能与从事公共管理教育的同行们合作交流，共同为中国公共管理教育事业的发展与繁荣作出积极的贡献。

西南交通大学公共管理学院

2022 年 12 月

目　　录

案例一　路在何方：巡游出租汽车如何应对网约车冲击

——以 C 市为例

王永杰　王　涛　陈　渝*

　　摘　要：网约车的兴起及与之相联的网约车平台"烧钱""圈地"，给巡游出租汽车市场带来了极大的冲击。巡游出租汽车与网约车的矛盾冲突倒逼政府加快推进行业改革。案例以 C 市为例，分析了网约车冲击下巡游出租汽车经营情况变化、巡游出租汽车行业管理中的问题以及政府部门的应对措施，为巡游出租汽车行业改革提供政策参考。

　　关键词：巡游出租汽车；网约车；管理

第一部分　案　例　正　文

一、引言

随着经济社会的发展，人们的交通出行需求愈发旺盛，同时需求方式

---

　　* 王永杰：西南交通大学公共管理学院；王涛：成都市交通运输局管理；陈渝：西南交通大学公共管理学院。

也趋于多元化。作为一种个性化的城市交通出行方式，出租汽车行业在"互联网＋"时代，发展面临着新形势。一是传统出租汽车行业矛盾突出。传统出租汽车运力投放不足、市民打车难，行业垄断经营、司机"服务差"，公司和司机矛盾尖锐、"罢运"事件时有发生，出租汽车发展陷入了乘客不满意、司机不高兴的尴尬境地，社会对传统出租汽车行业的批评渐多。二是网约车①发展冲击传统出租汽车行业利益格局。自2010年起，网约车开始在中国兴起，"易到""优步""滴滴"等各大网约车平台疯狂"烧钱""圈地"，"神州专车""首汽约车""神马专车""曹操专车"等各类网约车平台也纷纷加入竞争当中，传统出租车营运里程急剧下滑，营运收入大幅下降，行业司机流失严重，各地出租汽车企业抗议不断，出租汽车司机罢运时有发生，传统出租汽车迎来了发展的"冬天"。

二、竞争：当巡游出租汽车遇上网约车

改革开放以来，我国出租汽车行业发展大致经历了从自由发展阶段到数量管制阶段，再到清理整顿与规范发展的阶段。直到2010年左右，由于出租汽车行业长期积累的矛盾与问题逐渐凸显，传统出租汽车市场垄断经营、缺乏竞争，"打车难""服务差"问题愈发突出，国内开始出现"易到""优步""滴滴"等打车软件，网约车开始疯狂扩张，出租汽车发展进入"互联网＋"剧变阶段。

随着"易到""滴滴""优步"等网约车市场的蓬勃发展，抢占了巡游出租汽车②的大部分市场份额，除此之外，"神州专车""首汽约车""神马专车""曹操专车"等各类网约车平台也如雨后春笋般出现，纷纷加

---

① 本案例中的网约车泛指以互联网技术为依托，构建服务平台，整合供需信息，提供非巡游的预约出租汽车服务的车辆。由于网约车合法化之前，从事网约车服务的大多是私家车，即便是现在，一些网约车平台仍有无证车辆在接单运营。因此，本案例中的网约车包括未依法取得网约车运输资格的网约车辆。

② 巡游出租汽车是指依法取得车辆经营权和巡游车运输证，设置巡游车专用标志和设施，可以在道路上巡游揽客、站点候客或者通过电话、网络平台等预约方式承揽乘客提供客运出租汽车营运服务的车辆。在本案例中，巡游出租汽车指普通出租车或传统出租车。

入行业竞争当中，打破了巡游出租汽车行业原有的服务生态。

尽管网约车的蓬勃发展极大改善了城市公共交通供给不足的问题，但与此同时也暴露出了一些问题。例如，各大网约车平台之间通过"价格战"恶性竞争，扰乱了出行市场秩序。又如，网约车与巡游出租汽车矛盾不断加剧，甚至发生群体性事件，影响社会稳定。

三、冲突：C市巡游出租汽车与网约车矛盾冲突

随着网约车入局，出租汽车市场利益格局面临重构，巡游出租汽车与网约车利益冲突也愈演愈烈。2015年1月12日，在C市中心城区排成一列的出租车停靠在路边，形成了长达千米的"车龙"，吸引了大量市民的目光。2016年1月19日C市机场出租车司机集体罢工，导致数百名乘客滞留机场，后调配10多辆机场大巴运送旅客进城。

网约车司机也采取了反制行动。2015年10月27日，C市甚至发生了一起"专车遭钓鱼执法，司机被打伤"的群体性事件，造成了较为恶劣的社会影响，网约车司机群体就此成为了社会维稳重点对象。随着网约车不稳定因素的累积，各地又陆续减轻了对网约车违法行为的查处力度，对网约车的营运行为采取"默许"态度，并将工作重心开始转向维持巡游出租汽车行业稳定。

发生上述矛盾冲突的起因是什么？各方利益群体提出了什么诉求？政府相关部门做了哪些应急处理？事件带来了哪些影响以及结果是什么呢？这些都值得我们深入研究。

四、博弈：相关利益主体的利益诉求及应对策略

（一）巡游出租汽车企业

作为巡游出租汽车行业的经营者、管理者，巡游出租汽车企业是行业垄断经营最大的既得利益者，其主要营利方式是抽取"份儿钱"，部

分企业还会通过各种手段侵害司机权益。例如，一些企业依靠手中的特许经营权，转嫁经营风险，违规将车辆承包给司机，让司机承担车辆购置、保养维修等费用；一些企业收取高额的抵押保障金，在司机退出营运时以此要挟司机；还有一些企业不按规定给司机购买社会保险，或者侵犯司机合理的休息权；还有些企业在司机入职时违规收取"介绍费""茶水费"等。

网约车的出现，冲破了巡游出租汽车市场垄断经营的"护城河"，巡游出租汽车司机的收入大幅下滑，对原本就十分不满的高额"份儿钱"再也难以忍受，开始拒交"份儿钱"、退车，企业经营面临前所未有的危机。对此，很多巡游出租汽车企业利用其本地优势，采取了一些反制措施，但并不能真正扭转局面，面对市场空间的逐渐萎缩，巡游出租汽车企业不得不认真思考转变经营策略，最直接的措施就是降低司机的"份儿钱"，以挽留大多数司机，确保企业能继续经营。同时，要积极学习如何更好地使用网络平台技术。

（二）巡游出租汽车司机

巡游出租汽车司机是对网约车冲击感受最深也最直接的群体。在网约车出现之前，虽然他们与巡游出租汽车企业利益冲突不断，但当时的市场环境仍然给他们带来了不低的收入，很多司机月收入过万。最初，打车软件只接入了巡游出租汽车，许多巡游出租汽车司机下载和使用了打车软件，也是使用打车软件的受益者。然而，打车软件突然"变脸"，将大量私家车接入打车平台，巡游出租汽车市场被快速压缩，司机的收入大幅下滑。此时，巡游出租汽车司机一方面破坏网约车的正常运营；另一方面向所在企业施压，要求企业降低"份儿钱"、免除"押金"。但是，这些措施并没能守住他们的"阵地"，收入仍然大幅下滑。部分司机开始"跳槽"，加入网约车的队伍。

（三）巡游出租汽车行业协会

巡游出租汽车行业协会是以出租汽车客运行业的企业和经营者为单

位，自愿联合组成并实行自我管理、维护其共同利益的民间社会团体，具有协调、服务、桥梁、纽带等功能。由于其本身就是由各巡游出租汽车企业自愿联合组成的民间社会团体，所以主要职责就是为会员单位提供服务。面对网约车的冲击，协会一方面为巡游出租汽车企业的利益向行管部门表达行业诉求；另一方面为维护行业稳定发挥作用。

但是，行业协会运行还存在很多不足：一是自主性发挥不够，行政化、附属化色彩严重；二是在司机与企业、司机与政府、司机与乘客的利益协调上发挥的作用十分有限；三是未建立完善的行业自律准则，导致个别企业违规操作，司机违法经营，未能充分发挥行业自律作用。

（四）网约车平台

最初，国内主要有易到、优步、滴滴、神州、首汽、曹操等网约车平台。各平台为了"跑马圈地"抢占市场，纷纷掀起补贴大战，开启"烧钱"模式。经历竞争，滴滴平台最高峰时占据了网约车市场90%以上份额，成为了最大的赢家。然而其他中小平台为了生存及发展，努力探索新的经营模式，抱团取暖的聚合平台应运而生，其代表是高德地图和美团。以高德地图为例，由于高德地图拥有海量用户（月度活跃用户数量近4亿），能够为无流量关注度的中小网约车平台提供进入大众视野的机会，2018年7月，高德地图上线叫车服务，接入首汽、神州、曹操等主流网约车平台的同时也接入了各类中小型平台，成为实现"一站式"叫车的第一家平台。随着时间的推移，花小猪、T3等网约车平台又加入网约车市场竞争当中。从网约车平台的成长历程可以看到，网约车平台的目标之一还是要抢占出租汽车市场份额。

（五）网约车司机

网约车司机是伴随网约车的发展而不断壮大的群体。在网约车市场开拓期，网约车从业者和乘客都很少，为争取更多的司机加盟，网约车平台通过提供高额补贴和福利，招募了大量的网约车司机，彼时也是网约车司机的"红利期"。在这个时期，由于巨大的"红利"诱惑，一时间很多私家车，甚至是没有办理相关手续的其他车辆也加入了网约车大军当中。他们对网约车认同感非常强，自然而然地就加入了网约车平台与巡游出租汽车的市场争夺战当中。虽然劳务派遣司机和私家车兼职者这两类群体都支持网约车，但他们的利益并不一致。前者可以适用"侵权责任法"的劳务派遣规则来解决事故责任划分，他们更关心四方协议的必要性与合法性问题；而私家车兼职者更关心私家车的所有权性质、运营性质、报废条件、与打车软件公司的劳动关系。如果上述条件规定得过于严格，部分私家车司机就有可能退出网约车的经营。

随着市场的整合发展，网约车平台逐渐提高了对于司机的"份儿钱"比例，同时越来越多具有驾驶资格的司机加入其中，网约车行业红利被稀释，司机收入普遍大幅缩水。加之越来越严格的管制措施、缺乏完备的福利保障、职业病等因素，网约车司机对于本行业的认可度不断降低。另外，还有部分网约车司机陷入了"以租代购"骗局，为了尽快还清贷款和提高收入，平台和司机可能通过一系列违规手段进行营运，严重影响行业稳定。

（六）乘客

作为这场利益角逐中接受服务的乘客来说，"物美价廉"是大多数人的首选。可以说，乘客"用脚投票"在很大程度上影响着这场竞争的走向，但是不同的乘客自身又有不同的考量。如网约车的价格完全是由市场决定，巡游出租汽车根本无法与网约车打价格战，这也正迎合了追求廉价出行的乘客的需求。而巡游出租汽车的优势在于"轻车熟路"，同时也不需要通过智能手机网上下单，这更适合追求稳妥安全的乘客和老年人群体的选择。因此，乘客在这样的比较之下也出现了选择巡游出租汽车还是网约车的分化。尽管存在这样的分化，但是在"人多车少"的城市，在打车高峰很多乘客还是无法按照个人偏好来选择出行车辆。

（七）地方政府

地方政府是各方利益的协调者，应该通过地方立法、行政管理等手段来协调乘客、司机、企业之间的利益，将"蛋糕"切得更合理。关于地方政策制定的地区差异，既有研究已指出，地方政府角色定位、区域特征及时间约束是重要的影响因素。在关于网约车政策的研究中，有人认为巡游出租汽车企业作为既得利益者影响了地方政府的政策制定，使网约车的发展在地方层面被约束。也有人认为有些地方虽然制定了严格的网约车管理政策，但实际执行并不严格，存在明显的"严于制定，宽于执行"问题。

巡游出租汽车和网约车之间的冲突以及城市出行乘车的供需矛盾是导致当地政府对网约车规制产生"严于制定，宽于执行"的策略性行为的影响因素。国内多个城市曾发生巡游出租汽车行业罢运、聚集等不稳定事件。北京市昌平区交通局开展了巡游出租汽车行业维稳工作，成立了维稳工作小组，由区长担任组长，将责任落实到人；并启动行业维稳零报告制度，各巡游出租汽车企业每天下午向区交通局报告本企业维稳情况。北京市东城区副区长召开区内巡游出租汽车行业维稳工作会，城管委、维稳办、公安分局等多部门的负责人参加了会议。江苏省、重庆市均表示，维护巡游出租汽车行业和社会稳定的工作非常重要。这表明，地方交通部门的确面临维护巡游出租汽车行业稳定的巨大压力，因此地方政府通过设定严格的网约车车辆和人员准入条件，将减少竞争者的预期传递给巡游出租汽车行业，以安抚该行业从业人员的情绪。由于网约车作为巡游出租汽车的替代品，对于城市出租客运的补充作用已得到民众的认可。因此，高准入条件将引起网约车供给的大幅下降，这无疑会影响民众出行。所以，北京、上海等部分城市出台网约车政策后，舆论对于"京人京车""沪人沪车"等规定表示不满，政策实施后"打车难"的现象也屡次见诸报端，影响了政府形象。地方政府既要维持行业秩序、维护社会稳定，也要回应民生需求。出租汽车司机群体作为利益共同体，联系紧密，群体利益诉求较为一致，且集体行动能力强；消费者或民众联系松散，诉求多元，集体行动能力弱。因此，出租汽车群体更能够通过组织集体向政府表达诉求，从而影响政策制定；而对于民众的诉求，地方政府则通过把握政策执行程度来进行回应，形成了政策制定与政策执行的"空隙"。

有人认为，这种"严于制定，宽于执行"的行为，是地方政府为缓解社会治安综合治理与公共服务供给之间冲突而有意为之的策略性行为。在网约车规制中，地方政府面临维护城市公共秩序和增加公共服务供给的双重挑战，因而一方面，通过制定严格的政策文本，地方政府调和不同利益主体之间的矛盾，安抚巡游出租汽车群体，维护公共秩序；另一方面，通过有弹性的政策执行，地方政府为网约车的运营留出了空间，避免网约车供给的大幅波动，发挥网约车弥补城市公共交通供给不足的作用。

在地方政府的治理过程中，严格的政策文本与具有弹性空间的政策执行同时存在的现象较为普遍。一方面，它使地方政府能够根据实际情况灵活调整；但另一方面，这也为寻租创造了空间。以网约车管理为例，因网约车能够作为公共交通的有益补充，方便市民出行，地方政府对于网约车市场存有一定的包容，但这并不等同于对不同的网约车平台一视同仁。有学者关于行政分权和"街头官僚"的研究也指出，政策执行主体所具有的自主性，可能会导致以权谋私、扭曲政策目标等负面后果。

五、冲击：C市网约车冲击下巡游出租汽车经营情况变化及问题分析

本案例收集了C市2013年1月至2017年10月的行业数据资料，并将数据从行业基础数据、营运营收情况两个部分进行统计分析，以研究网约车对C市巡游出租汽车行业经营情况的影响。

（一）基础数据

对C市巡游出租汽车行业基础数据包含巡游出租汽车企业、经营权、车辆、驾驶员4个核心指标以及服务证数量的统计分析发现，自2015年2月网约车平台开启"烧钱"模式以来，除巡游出租汽车企业数量、经营权数量之外，巡游出租汽车数量、驾驶员数量、服务证数量都有较大幅度的

减少。通过对各类数据的对比分析，巡游出租汽车行业的变化如下：

1. 经营权空置数增加，企业购车积极性下降

将经营权数量与车辆数量进行对比分析，发现2013年10月至2014年8月，经营权数量略多于车辆数量，基本维持在相对平衡状态；2014年9月至2015年6月，车辆数量反超经营权数量；2015年7月至2017年1月，经营权数量又略多于车辆数量，基本维持平衡；2017年2～10月，由于部分巡游出租汽车运营期限到期，集中下线退出营运，因此车辆数量迅速下跌。但是，由于行业竞争压力加大，停运车辆增多，加之行业管理政策收紧，很多企业不愿意新购车辆投入营运，而选择将经营权保留空置，空置的数量最高达到了3153个（见图1.1）。

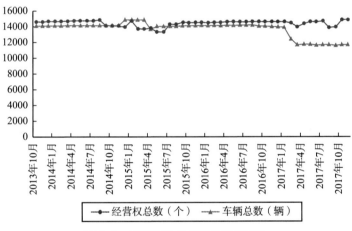

图1.1 经营权数量与车辆数量对比

2. 司机流动性上升，行业稳定性下降

将司机总数、正式司机数量、机动司机数量进行对比分析，发现在司机总数呈下降趋势的情况下，C市的正式司机数量下降非常明显，而机动司机的数量却稳步增加，这反映出C市巡游出租汽车行业司机队伍的流动性在上升，行业稳定性在下降（见图1.2）。

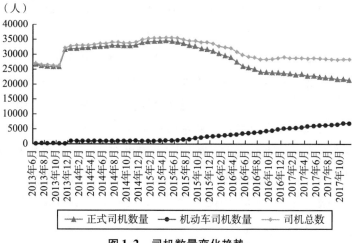

图 1.2　司机数量变化趋势

3. 司机配比下滑，行业吸引力下降

司机配比（服务证总数/车辆总数）反映每辆出租车配备司机的数量，是反映行业吸引力的一个重要指标。将 C 市车辆总数与服务证总数进行对比分析，发现 C 市的巡游出租汽车数量总体呈下滑趋势，下滑比率约为 21.15%；C 市的服务证总数总体也呈下滑趋势，下滑比率达到 48.85%；2014 年 9 月、2016 年 10 月和 2017 年 10 月，司机配比分别为 2.14∶1、1.31∶1 和 1.39∶1，服务证总数与车辆总数比率下降非常明显，说明行业吸引力大幅下降（见图 1.3）。

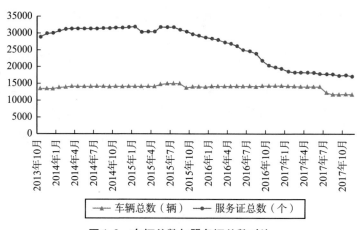

图 1.3　车辆总数与服务证总数对比

（二）营运营收数据

对 C 市巡游出租汽车营运营收数据中营运里程、营运客运量、营运金额 3 个核心指标的统计分析发现，从 2015 年 2 月开始，C 市巡游出租汽车市场呈现出规模缩小、司机收入下降、营运成本上升的特征，运输市场资源配置效率也呈下降趋势。可见，巡游出租汽车的经营受到了巨大冲击。

1. 市场规模萎缩，经营情况恶化

对营运里程、营运客运量与营运金额进行分析，发现从 2013 年 1 月至 2017 年 10 月，这三项数据在总体上均呈现出先升后降的趋势。2013 年 1 ~ 12 月，C 市巡游出租汽车市场规模快速增长，营运金额快速增加，投入运能也不断增加；2014 年 1 月至 2015 年 3 月，巡游出租汽车营运状况整体较好，营运金额平均约 30000 万元；2015 年 4 月至 2016 年 9 月，巡游出租汽车营运状况持续恶化，到 2016 年 9 月营运金额仅为 13291 万元，较 2015 年 3 月下降了约 56.63%；虽然 2016 年 10 月至 2017 年 3 月，巡游出租汽车经营状况有所好转，但 2017 年 4 ~ 10 月，又呈现出转差的趋势，到 2017 年 10 月营运金额为 15719 万元，较 2015 年 3 月下降了约 48.71%（见图 1.4）。

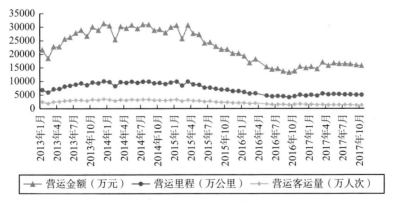

图 1.4 营运金额、营运里程、营运客运量对比

2. 司机收入大幅减少

对单车日均营运金额进行分析，发现 2013 年 1 月至 2015 年 3 月，C 市单车日均营运金额较为稳定，平均在 800 元左右；而 2015 年 4 月至 2016 年 4 月，C 市单车日均营运金额持续下滑，到 2016 年 4 月降到 582 元，较 2015 年 4 月下降了 218 元，下降比率约 27.3%；虽然 2016 年 5 月至 2017 年 3 月，C 市单车日均营运金额小幅回升，到 2017 年 3 月回升到 693.47 元，较 2016 年 5 月增加了约 111 元；但是 2017 年 4 ~ 10 月，C 市单车日均营运金额缓慢下滑，到 2017 年 10 月降至 643.58 元，较 2015 年 4 月下降了 156 元，下降比率约 19.5%（见图 1.5）。在其他运营成本不变的情况下，日均营运金额的减少量就代表着司机收入的减少。

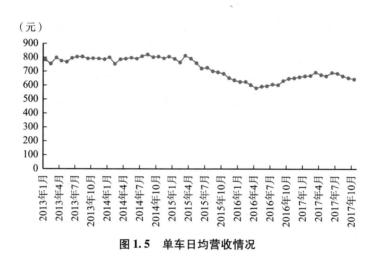

图 1.5　单车日均营收情况

3. 司机营运成本增加

对里程利用率进行分析，发现 2013 年 1 月至 2015 年 3 月，C 市巡游出租汽车里程利用率稳中有升，平均在 70% 左右；而 2015 年 4 月至 2016 年 4 月，C 市巡游出租汽车里程利用率持续下滑，到 2016 年 5 月降到 58.6%，下降了 11.4 个百分点；虽然 2016 年 6 月至 2017 年 3 月，C 市巡游出租汽车里程利用率小幅回升，到 2017 年 3 月回升到 63.3%，较 2016 年 5 月上升了 4.7 个百分点；但 2017 年 4 ~ 10 月又缓慢下滑，到 2017 年

10 月为61.10%（见图 1.6）。里程利用率直接反映了司机的经营成本，里程利用率下滑意味着司机投入的时间成本、油气成本、车辆损耗成本增加，从而影响司机的纯收入。

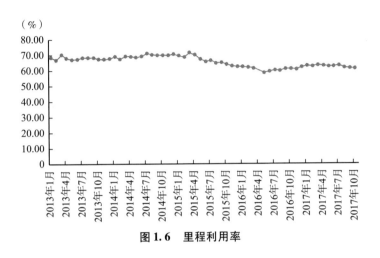

图 1.6　里程利用率

4. 车辆闲置率上升

对运能利用率进行分析，发现 2013 年 1 月至 2015 年 3 月，C 市巡游出租汽车运能利用率比较稳定，平均在 50% 左右；而 2015 年 4 月至 2017 年 10 月，C 市巡游出租汽车运能利用率持续下滑，其中 2015 年 4 月至 2016 年 12 月，下滑速度较为缓慢，但从 2016 年 12 月至 2017 年 10 月，下滑速度很快，到 2017 年 10 月降到 33.80%，下降了约 16 个百分点（见图 1.7）。由于运能利用率直接反映了运输资源配置效率，运能利用率越低意味着出租车辆投入过度，出租车公司投资回报率下降，经营状况变差。

总之，自 2015 年 2 月网约车开启"烧钱"模式起，C 市巡游出租汽车行业受到了极大冲击：市场规模萎缩、企业经营困难、司机收入下降；车辆闲置率上升、经营权空置数增加，行业吸引力与稳定性下降。

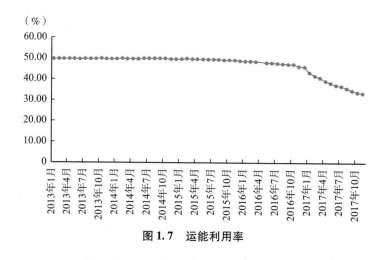

图 1.7　运能利用率

（三）C 市巡游出租汽车行业经营问题分析

1. 经营模式僵化，市场竞争乏力

巡游出租汽车行业作为政府管制的一个行业，其经营方式受到限制。企业创新空间、创新意愿、创新能力都存在很大的不足，行业垄断、缺乏竞争的问题严重。反观作为新生事物的网约车，能够积极拥抱技术创新，响应国家"互联网 +"行动战略号召，迎合消费者交通出行服务需求，发展十分迅速。目前，网约车已占据出租汽车市场的半壁江山，巡游出租汽车的市场份额大幅下降，其行业垄断地位被网约车从外部打破。

从当前行业发展的实际情况来看，网约车在经营管理模式上有几大优势：一是网约车管理费用的提取更科学。这笔费用对于网约车来讲叫作"佣金"，对于巡游出租汽车而言属于"规费"或"份儿钱"。网约车是按照每个订单的营运金额的一定比例（一般为 15%～20%）来提取，而巡游出租汽车则是按月收取固定的规费（约 200 元/天），这对巡游出租汽车司机来讲是一个"痛点"。二是网约车运价的计算方式更合理。网约车实行的是市场动态调节价格，平台根据营运时段、市场需求等因素调整运价，而巡游出租汽车执行的是严格的政府定价，基本没有价格弹性空间。三是网约车车辆实行分类分级。专车、快车、小巴、顺风车等不同类型与级别的车辆与服务，可以满足不同层次的消费需求；而巡游出租汽车的车辆与服务的类别与等级单一，难以满足市场个性化需求。四是网约车的驾乘双向评价体系，突破了巡游出租汽车乘客单向评价司机的弊端，对于维护驾乘双方公平的交易关系有很大的作用，对于大数据时代构建社会信用体系来讲意义非凡。

2. 业内竞争失灵，激励机制失效

在当前的巡游出租汽车行业政府管制模式之下，C市各巡游出租汽车企业的经营管理模式基本一致，行业内缺乏市场竞争，也缺乏有效的激励与淘汰机制，各企业均存在"搭便车"、吃"大锅饭"的问题。

C市交通运输管理部门的某工作人员在访谈中说："对于乘客来讲，C市的巡游出租汽车外观都是相同的颜色，车型也基本一样，很难鉴别巡游出租汽车企业的服务质量高低，无法做到'用脚投票'来影响单个企业的经营发展；对于企业来讲，自己公司的巡游出租汽车服务质量水平对其经营没有直接的影响，企业无法摆脱管理成本内化与服务质量的收益外化的矛盾，而行业管理部门的考核才是企业生存的关键，因此企业对于创新经营模式、提升服务质量没有积极性，而对'跑关系''要指标'更为热衷；对于巡游出租汽车司机来讲，也存在同样的问题。这也就造成了巡游出租汽车行业'一荣俱荣、一损俱损'的特殊状况。"因此，通过传统的行业管理手段来激励企业、司机，其效果并不理想。如何引入市场竞争，规避"搭便车"现象，让乘客"用脚投票"来激活行业管理至关重要。

3. 服务质量不高，社会反响不好

在网约车出现之前，巡游出租汽车就已广受诟病，一度被贴上了拒载、绕路、宰客、服务态度不好等标签。只是在当时的社会条件下，由于巡游出租汽车行业的垄断经营，可供人们选择的出行方式并不多，所以只能忍受巡游出租汽车的低水平服务。但是，在网约车出现之后，巡游出租汽车突然面临着巨大的市场竞争，人们对巡游出租汽车的服务质量也愈发不满。

本案例收集了C市2013～2016年的司机年度考核数据，考核的结果分为AAA级、AA级、A级、B级4个等级，分别代表服务质量优秀、良好、一般、较差。统计发现，2013～2016年，C市AAA级司机逐年减少，特别是 2015 年和 2016 年，数量下降速度很快；A 级与 B 级司机逐年增多，特别是 2015 年和 2016 年，增加速度很快；AAA 级与 AA 级司机数量占考核司机总数的比例逐年下降，2013 ~ 2016 年分别为 97.17%、96.40%、87.47%、75.64%。这就从一个方面反映出 C 市出租汽车服务质量总体上呈现出逐年下降的趋势（见表 1.1 和图 1.8）。

表 1.1 　　　　　　　　司机年度考核综合统计分析　　　　　　　单位：人

年份	AAA 级	AA 级	A 级	B 级	考核司机总数
2013	19897	15627	963	70	36557
2014	17186	19321	1257	106	37870
2015	10679	21401	4044	551	36675
2016	6969	16560	5917	1662	31108

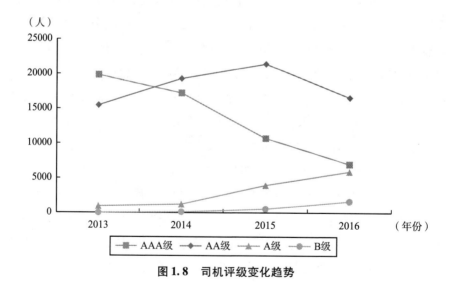

图 1.8　司机评级变化趋势

从 C 市的市长公开电话投诉等资料来看，关于巡游出租汽车拒载、绕路、宰客的投诉仍然很多，社会对于巡游出租汽车的满意度与认同感不高。

六、策略：网约车冲击下的应对之策

（一）行业管理应对政策

1. 取消经营权有偿使用费

在网约车的冲击之下，C市巡游出租汽车司机经营状况日趋恶化，出现了"退车潮"，企业经营愈发困难，行业矛盾愈发尖锐。为维护行业稳定，实现"让利企业、减负司机"，减少行业改革阻力，C市在2015年出台了关于取消经营权有偿使用费的相关政策，结束了经营权有偿使用的历史。

2. 积极推进行业改革

网约车的兴起，倒逼巡游出租汽车行业加快改革。C市成立了由市交通运输委员会牵头的深化改革调研小组，积极了解交通运输部深化出租车行业改革的动向，并于2015年2月赴上海和武汉进行了专项调研，修改完善了《C市出租汽车行业深化改革工作建议》。据此，C市在"积极推进、稳步实施、保持稳定"的原则下推进行业改革，提出了"审慎发展巡游出租汽车，积极发展网约车"的改革思路，一方面制定科学严谨、边界条件清晰的常规巡游出租汽车运力投放机制，审慎发展常规巡游出租汽车；另一方面制定包括常规巡游出租汽车和预约巡游出租汽车在内的全市巡游出租汽车发展规划、建立巡游出租汽车动态监测机制、在数量调控范围内有条件地发展预约巡游出租汽车，为行业改革做了充足的准备。

3. 制定行业自律公约

为提高行业自律水平，强化企业管理、提升服务质量，促进行业健康、稳定、有序发展，C市行管部门指导巡游出租汽车协会于2017年12月26日制定发布了《C市出租汽车行业自律公约》，并于2018年1月1日起执行。该自律公约由会员单位（巡游出租汽车企业）自愿承诺并严格遵守，行业协会负责监督执行，自律公约履行情况报送行业主管部门，并纳入服务质量考核。自律公约的基本内容是行业建立起A类、B类、C类、

D 类不良行为记录制度，各会员单位可与出现上述 4 类不良行为的司机解除劳动合同，并将相关信息抄告行业协会作为相应的不良行为记录，企业在招聘司机时应先通过协会对其从业行为记录进行查询，在取得协会的查询证明材料后，方可向行业管理部门申请办理相关许可证。

（二）交通执法监管政策

1. 网约车监管：从"约谈""处罚"到"默许""不谈"

最初，在"专车"合法身份尚未明确的情况下，基于行业稳定的考虑，并结合交通运输部"不允许私家车进入专车"的要求，C 市将私家车从事"专车"服务定性为涉嫌非法营运，并于 2015 年 1 月 14 日发布了《关于严厉打击汽车非法营运行为的公告》，明令禁止利用私家车和社会车辆等非营运车辆从事客运出租汽车业务，严禁汽车租赁公司利用从事租赁业务的车辆开展"专车"等客运出租汽车业务，凡非法从事客运经营活动的，一律依法予以查处。

2015 年 1 月 17 日、18 日及 3 月 11 日，C 市交通执法总队联合市公安局网监支队、公交地铁分局 3 次约谈提供"专车"服务的优步、快的、滴滴、神州等公司负责人，告诫其利用租赁车、私家车从事"专车"经营属违法行为，要求各公司严格遵守法律法规开展经营活动。

2015 年 5 月 5 日，C 市交通运输委员会同工商局、公安局召开专题会，就优步公司专车非法经营行为的告诫及查处工作进行分析研究。5 月 6 日，C 市启动对私家车参与"专车"营运行为的打击行动，并对优步、滴滴等利用私家车进行专车非法经营的行为进行约谈告诫和执法调查，对查实的违法行为进行行政处罚，该行动一直持续到了 2015 年 10 月。

2015 年 10 月 27 日，C 市发生了专车司机群体性事件，造成了较为恶劣的社会影响，网约车司机群体成为当时社会维稳重点对象。至此，C 市暂停了对网约车违法行为的查处，并将工作重心转向维持巡游出租汽车行业稳定。

2. 巡游出租汽车监管：从"严查轻处"到"规范营运"

作为行业变革的利益"受损方"，巡游出租汽车司机群体也开始对政府提出诉求，要求政府继续打击网约车非法营运行为。由于巡游出租汽车司机营运收入的快速下滑，以及等待国家深化改革政策与网约车管理办法出台，部分巡游出租汽车企业和司机的心态发生变化，导致企业管理力度减弱，司机服务质量下滑。从 2015 年下半年开始，C 市巡游出租汽车行业发生了多起影响行业安全稳定的群体性事件，政府陷入了行业管理的"两难"境地。对此，C 市政府要求行业管理部门要以行业维稳为重点，调整执法管理方式，对违法巡游出租汽车司机以说服教育为主，处罚比例较 2014 年有所下降。

2016 年 1 月 19 日凌晨，C 市机场爆发了巡游出租汽车罢运事件，1 月 21 日，C 市交通运输委员会、市公安局、市火车管理办公室、机场集团四部门为此联合发布了《关于进一步维护机场及火车站区域出租汽车营运秩序的通告》，开始在机场、火车站巡游出租汽车营运站点开展营运秩序专项整治。对于一些挑头闹事、恶意违规、情节严重的违法司机进行严肃处理，同时也加强了对一般违法行为的调查监督，但是对于违法行为的处理以说服教育为主，违法情况由执法部门抄告管理部门备案，极少进行行政处罚。

2016 年 7 月 28 日，随着交通运输部《网络预约出租汽车经营服务管理暂行办法》的出台，C 市巡游出租汽车行业也趋于稳定，网约车与巡游出租汽车矛盾有所缓和。2016 年 12 月 1 日，C 市交通运输委员会、市公安局、市发展改革委、市经济和信息化委员会四部门联合发布《关于联合开展中心城区客运出租汽车市场秩序综合整治工作的通知》，开始为期半年的跨部门联合执法行动，加强对机场、客运站等重点热点区域的管控力度，强化巡游出租汽车企业管理主体责任。同时，由于网约车平台补贴的减少，网约车运营负面事件的增多，巡游出租汽车的营运状况有所好转。

但是，巡游出租汽车行业的整体服务质量仍然较差。从 2017 年开始，C 市加强对巡游出租汽车行业服务质量的提升，加大对司机各类违法行为的查处。2017 年 9 月，C 市出台了《C 市五城区巡游出租汽车服务质量改进工作方案》，开始为期 3 个月的巡游出租汽车服务质量改进工作。2017 年 9 月 11 日，C 市巡游出租汽车司机到主管部门表达自己的利益诉求，要求 C 市落实执行《网络预约出租汽车经营服务管理暂行办法》，规范网约车经营服务。2017 年 9 月 13 日，C 市主管部门宣布"即将启动网约车驾驶员考试"。2022 年 8 月 2 日，《C 市客运出租汽车管理条例》经第二次修订后正式发布，首次将网约车纳入管理，其中规定，从事网约车经营的，应当取得网络预约出租汽车经营许可证，经营期限为五年。

总体来看，C 市巡游出租汽车行业管理经历了从"粗放式"管理向"规范化"管理的转变，管理的重心从"培育市场"向"规范运营"转变，行业管理法治化进程不断推进。同时，行业利益矛盾也日趋尖锐复杂，社会对于行业管理的要求也越来越高。

七、结　语

随着网约车新政的出台，巡游出租汽车行业迎来了新的历史发展阶段，呈现出网约车与巡游出租汽车相互竞争、融合发展的新格局。一方面，网约车新业态的产生满足了市民对交通出行的更高需求，促进了行业的发展进步，同时也出现了"店大欺客"、"大数据杀熟"、恶性竞争等行业乱象，仅依靠市场调节难以保证行业健康稳定发展，无法达到社会公共利益最大化的管理目标；另一方面，巡游出租汽车作为存续了 40 余年的传统业态，涉及的利益群体数量庞大，行业利益矛盾复杂，仅依靠市场竞争淘汰出局不能解决根本问题。因此，如何推进网约车与巡游出租汽车新老业态融合发展、良性竞争，实现社会公共利益最大化的管理目标给我们留下了足够的思考空间：

第一，巡游出租汽车经营权改革问题。巡游出租汽车经营权是各巡游出租汽车经营者参与行业经营的基础条件和核心资源。由于各网约车平台在扩张过程中吸收了大量的私家车参与营运，直接颠覆了巡游出租汽车数量管制的基础，动摇了巡游出租汽车行业特许经营制度的根基，使行业管理问题愈发复杂，经营权制度亟待调整。

第二，巡游出租汽车与网约车的双轨运营模式探讨。基于当前 C 市网约车纳入政府管理范畴的现实情况，网约车运营已经进入法治化道路，政府部门需要进一步厘清现有各种交通运输模式的角色定位，构建巡游出租汽车与网约车双轨运营模式，如何进行分类管理、错位经营，构建多样化的服务体系还需要进一步探讨。

第三，巡游出租汽车市场存量中的利益补偿问题。进入"互联网＋"时代，网约车市场将持续增长，巡游出租汽车与网约车的市场份额出现明显分流，市场中的参与主体多元化，会对巡游出租汽车造成冲击，巡游出租汽车司机的利润空间会遭到进一步压缩，因此传统巡游出租汽车的利益如何补偿、如何实现利益共享、达到共赢，成为未来应该思考的问题。

思考题

1. 简要分析 C 市发生巡游出租汽车罢运等群体性事件中利益相关者有哪些，他们各自扮演了什么样的角色？对 C 市巡游出租汽车行业改革产生了哪些影响？

2. 如何评价案例中 C 市相关部门为应对网约车冲击所采取的措施？

3. 结合政府规制理论，试分析本案例中 C 市政府针对巡游出租汽车采取的规制手段，并分析其存在的问题。

4. 请结合政策过程理论分析本案例中的政策变迁情况。

参考资料

[1] 韩振文，王汉晴. 论网约车地方立法过程中的利益衡量——以 Q 市为实证分析对象 [J]. 法治社会，2018（1）：71 - 79.

[2] 郑路，蒋理慧. 政策制定与执行之间的偏差何以产生——以地方政府对"网约车"的管理为例 [J]. 江苏社会科学，2019（4）：66 - 75，258.

[3] 陈文强，顾玉磊，吴群琪，等. 出租汽车行业管理制度变迁、政策演变与效应评析 [J]. 公路交通科技，2020，37（4）：148 - 158.

[4] 苏少鑫. 出租车公司市场化改革势在必行 [N]. 南方日报，2015 -

01 - 08 (002).

［5］叶曜坤.当打车软件遇上出租车罢运［N］.人民邮电，2015 - 01 -
16 (006).

［6］王强.浅议新形势下出租汽车行业协会的重要作用［J］.技术与
市场，2007 (7)：102 - 103.

［7］王涛.C 市网约车冲击下的巡游出租汽车管理研究［D］.成都：
西南交通大学，2018：19 - 29.

第二部分　案例使用说明

一、课前准备

（1）请学生提前一周阅读相关案例材料，结合案例提出 3 ~ 5 个问题，
要求学生熟悉案例并自主查询相关资料及理论，初步了解案例内容以及政
府与治理、利益相关者理论、政府管制理论、政策过程理论等相关理论。

（2）请学生收集整理案例 C 市 2015 年 1 月、2016 年 1 月两次巡游出
租汽车罢运的有关新闻报道和史料记录，重点整理这两次罢运中各方利益
群体的诉求、困境和决策等。

（3）按照 6 ~ 8 人/组对学生进行分组，为了案例讨论的需要，本案例
共设置 4 个问题，因此将学生分为 4 个小组，各小组推选 1 名发言人，以
幻灯片辅助，陈述小组观点。

二、适用对象

本案例主要适用于公共管理硕士（MPA）"公共管理学""公共政策分
析"等课程的学习。

三、教学目标

（1）在知识层面，要求学生掌握政府治理、政府管制、利益相关者、政府俘获、政策过程的概念、理论和方法，要求学生尽量运用相关理论分析、讨论案例中的焦点问题，加深理论学习，提升理论修养。

（2）在技能层面，要求学生运用科学知识理性分析"互联网＋"背景下政府推动行业改革的痛点、难点问题，培养学生发现、分析和解决问题的能力，增强学生公共管理、公共政策理论素养和实践技能，训练学生的独立思考、口头表达及团队协作能力。

（3）在价值观和思维方式层面，要求学生用辩证的、理性的思维方式客观地看待互联网时代下政府面临的治理困境及决策难题，基于多元视角理解和把握当前的经济政策形势。

四、教学内容及要点分析

（一）案例涉及的理论与要点

1. 利益相关者理论

根据米切尔等的利益相关者理论，巡游出租汽车行业所涉及的相关利益主体有很多，本文所探究相关利益主体主要包括巡游出租汽车企业、巡游出租汽车司机、巡游出租汽车行业协会、网约车平台、网约车司机、乘客和地方政府。

2. 政府规制与政府俘获理论

巡游出租汽车行业是政府规制的典型行业。按照政府规制理论，巡游出租汽车行业的特殊性及其运营服务模式使巡游出租汽车市场完全由市场自身调控并不现实，出租车作为城市公共交通工具的辅助形式，因存在信息不对称、交易成本、负外部性、过度竞争等市场失灵问题。需要政府对其进行规制，具体包括经济性规制、社会性规制和辅助性规制。

根据政府俘获理论，有人认为巡游出租汽车企业或巡游出租汽车行业协会可能影响地方政府的政策制定，使政府提供有利于他们的管制。还有人认为，政府规制在保护巡游出租汽车司机利益的同时损害了网约车司机和乘客的利益。一些地方政府成为"俘虏"，只维护某些群体的利益。

3. 政策变迁与间断——均衡理论

政策变迁的过程就是各政策网络之间围绕着相关议题互动、竞争博弈的过程。C市对巡游出租汽车的监管所经历的一系列政策变迁过程，具有明显的长期稳定性和短期间断性的特征，适合用政策变迁理论的间断——均衡模型对其进行分析。

（二）思考题分析要点

1. 简要分析C市发生巡游出租汽车罢运等群体性事件中利益相关者有哪些，他们各自扮演了什么样的角色？对C市巡游出租汽车行业改革产生了哪些影响？

（1）在C市巡游出租汽车罢运事件中，各相关利益主体包括巡游出租汽车企业、巡游出租汽车司机、巡游出租汽车行业协会、网约车平台、网约车司机、乘客和地方政府。

（2）巡游出租汽车企业扮演垄断经营者角色；巡游出租汽车司机扮演利益受损者角色；巡游出租汽车行业协会扮演中间协商者角色；网约车平台及司机扮演市场竞争者角色；乘客扮演服务享受者角色；地方政府扮演各方利益协调者角色。

（3）利益相关者们对C市巡游出租汽车行业改革的影响主要有：围绕巡游出租汽车行业改革，主要是网约车企业、巡游出租汽车企业与地方政府之间的利益平衡和博弈。网约车的兴起倒逼C市政府加快推进行业改革，反思现有政策的不足之处，修订和完善相关法律法规。只有在公共政策过程中对利益相关者群体给予充分关注才能更好地制定公共政策，做好利益相关群体的管理工作，从而提高公共政策执行力与公共政策效益。

2. 如何评价案例中 C 市相关部门为应对网约车冲击所采取的措施？

网约车兴起背景下，2016 年 C 市政府印发《关于深化改革推进我市出租汽车行业健康发展的实施意见》，从政策层面上对巡游出租汽车和网约车改革均作了总体设计。同年同步印发《C 市网络预约出租车经营服务管理实施细则（暂行)》，明确网约车管理的要求。C 市相关部门深化改革的政策取得了一定成效，但也存在一定问题。

（1）C 市出台的改革政策维护了巡游出租汽车行业的总体稳定。C 市政府充分考虑各方利益，尤其是司机与乘客的利益，维护好传统行业与新兴行业的平衡，通过对传统巡游出租汽车行业进行转型升级，在既保留传统出租随招随停的优点下，也畅通了原有的巡游出租汽车向网约车转型的推进，推动了两者的融合发展，从而使网约车带来的服务惠及大众。

（2）C 市出台的改革政策引导了网约车行业的规范发展。《C 市网络预约出租汽车经营服务管理实施细则（暂行)》明确了网约车管理体制、管理政策、网约车准入条件以及网约车审批流程。改革政策出台后，网约车平台公司的经营服务具有了操作依据和标准，网约车的市场运价逐渐回归正常区间，高额补贴和低价倾销的不正当竞争行为逐步得到遏制，网约车市场整体趋于规范。

（3）C 市对巡游出租汽车经营权改革不彻底，尽管取消了经营权使用费，但是未从根本上动摇现有经营权特许制度，巡游出租汽车经营权未从政府特许事项中剥离，不利于行业内的资源优化配置和奖惩激励管理。

（4）C 市网约车监管体系不完善。尽管 C 市对网约车司机和车辆准入条件作出了明确的规定，但是从安全角度来看，政府监管存在"缺位"，例如政策中对司机违规行为只明确了网约车平台管理不当的法律责任，对司机的监管力度仍不够。

3. 结合政府规制理论，试分析本案例中 C 市政府针对巡游出租汽车采取的规制手段，并分析其存在的问题。

本案例中 C 市政府针对巡游出租汽车采取的规制手段主要包括四个方面：

（1）市场准入规制。C 市于 2015 年取消对巡游出租汽车特许经营权有偿使用费，对已经收取的，按转让价格和经营权剩余期限按比例返还。

（2）数量规制。C市对巡游出租汽车行业实施数量规制，相关部门对巡游出租汽车牌照发放进行总量控制，通过对特许经营权实行拍卖或招投标等方式，将巡游出租汽车特许经营权有偿转让给公司或个人，实行公司化经营。

（3）价格规制。C市巡游出租汽车行业实行价格规制，中心城区巡游出租汽车租价标准是由市发展和改革委制定，以基本租价、用时租价、补贴、返空费及公里租价等部分组成，跨区营运时必须打表计价。

（4）质量规制。C市对巡游出租汽车实施严格的质量规制，对企业和司机有严格的服务质量规范要求，并实行严格的考核制度，主要包括执法监管和投诉处理。在执法监管方面，出台《C市五城区巡游出租汽车服务质量改进工作方案》，以改进巡游出租汽车服务质量。

这些管制手段还存在以下四个方面的问题：

（1）市场准入规制过于严格。尽管巡游出租汽车实行公司化经营，但是准入规制衍生了"黑车"市场，迫使政府投入更多人力和物力打击"黑车"，加大了政府管理成本，降低了经济运行效率。

（2）数量规制降低服务质量。政府对巡游出租汽车数量进行了严格规制，有限的数量容易出现权力腐败现象，服务质量下降；同时难以满足乘客需求，加重非法营运乱象。

（3）价格规制降低行业竞争力。政府对巡游出租汽车价格进行规制，无法体现市场调节机制，难以满足市场多样化需求，不能与时俱进，间接降低巡游出租汽车市场竞争力。

（4）质量规制成效不显著。从司机年度考核数据以及市长公开电话投诉来看，对巡游出租汽车行业进行质量规制并没有解决行业服务质量问题。

4. 请结合政策过程理论分析本案例中的政策变迁情况。

在C市的巡游出租汽车监管过程中，经历了一系列政策变迁过程，具有明显的长期稳定性和短期间断性的特征。

（1）20世纪80～90年代：政策均衡期。20世纪80年代初期，国家实行改革开放政策，社会政治经济环境逐步宽松，政府开始鼓励社会资本进入巡游出租汽车行业，巡游出租汽车行业进入初创阶段。在这一阶段，对巡游出租汽车行业服务运营标准等方面的监管主要依据 1986 年出台的《C 市城区出租汽车客运管理办法》。

（2）1991～1997 年：政策间断期。从 1991 年开始，C 市巡游出租汽车总量迅速增加至 2000 余辆。随着巡游出租汽车数量的猛增，社会治安问题也逐渐凸显。C 市开始实施对巡游出租汽车实施准入、价格和质量规制制度。1991 年 7 月，C 市人民政府出台《关于加强客运出租汽车管理的通告》；1996 年 5 月，C 市颁布《C 市客运出租汽车管理办法》。1997 年底，建设部、公安部发布巡游出租汽车行业最高法律文件《城市出租汽车管理办法》，对巡游出租汽车行业准入进行了详细规定，改革了个体化经营模式。

（3）1998～2006 年：政策均衡期。1998 年后，各地方政府依据《城市出租汽车管理办法》制定实施了地方性政策法规，逐渐形成了对巡游出租汽车行业严格监管的局面。2006 年，C 市交通运输委员会成立，行业管理由巡游出租汽车管理机构负责，执法监管由执法机构负责。C 市先后出台《C 市巡游出租汽车行业经营服务规范》《C 市客运出租汽车管理条例》《C 市巡游出租汽车服务质量信誉考核办法》等法规。

（4）2007～2016 年：政策间断期。2012 年网约车进入市场，网约车的快速发展受到了传统巡游出租汽车司机的强烈抵制。2014～2016 年多地爆发抵制网约车的群体性事件，其中以 2015 年最为集中。2016 年 7 月 26 日，国务院办公厅发布《关于深化改革推行出租汽车行业健康发展的指导意见》。

（5）2016 年至今：政策均衡期。2016 年 7 月，《关于深化改革推进出租汽车行业健康发展的指导意见》《网络预约出租汽车经营服务管理暂行办法》的正式颁布，标志着我国出租车监管进入新的历史时期，出租车行业管理政策也随之发生变化。2017 年 9 月，C 市出台了《C 市五城区巡游出租汽车服务质量改进工作方案》；2022 年 8 月 2 日，《C 市客运出租汽车管理条例》颁布。

五、教学安排

1. 案例介绍（15分钟）

教师准备15分钟的课堂前言，结合PPT对案例进行简明扼要概括，重点说明在本案例中各个利益主体采取的行动；介绍课程安排，明确教学目的、教学计划及流程安排。

2. 小组成果展示及讨论（15分钟）

按照四道思考题的顺序，各小组推选出发言代表，将本小组对案例的研究成果以PPT或研究报告的形式进行展示。每个小组展示后在班级内进行互动问答，对相关理论与问题展开深入探讨。教师应积极调动学生讨论积极性，发散学生思维，引导学生积极发言讨论，促使讨论顺利进行。

3. 教师总结点评（20分钟）

在每一小组讨论结束后或者全部讨论结束后，教师应对各小组的发言进行评价总结，之后教师应结合PPT以及讨论情况，再从利益相关者理论、政府管制、政策变迁理论等角度对案例进行系统清晰的介绍和讲解。

六、参考资料

[1] 王涛.C市网约车冲击下的巡游出租汽车管理研究 [D].成都：西南交通大学，2018：19-29.

[2] 刘水林.论政府规制的目标及实现方式 [J].兰州学刊，2016（2）：108-114.

[3] 何征.成都市巡游出租汽车营运系统问题及对策研究 [J].现代经济信息，2013（15）：473-475

[4] 郭诗涛.出租车市场与政府规制关系研究 [D].西安：西北大学，2016：15-23.

[5] 孙翊锋.出租车行业政府规制政策变迁轨迹与逻辑——基于间断-均衡理论的解释 [J].湖湘论坛，2021，34（4）：105-117.

案例二　投资几十亿元，运行三年后面临拆除

——Z市有轨电车被拆

唐志红　姚　琳　曾　取[*]

摘　要：大力发展并完善城市公共交通体系是众多城市建设的重点，也是公共决策的焦点。是强化新技术的应用使公共交通需求成为区域招商工具，还是强调最前沿公共交通技术应用，或是更加强调与城市发展相匹配的公共交通，重大公共交通的决策应如何作出？众多地方政府总是希望以公共交通塑造城市形象，在国家对地铁进行限制的背景下，有轨电车是众多缺乏发展地铁条件的城市的重要选择，甚至一些有地铁的城市也将其作为新型交通引入。哪种交通工具技术更优不是我们关注的焦点，对Z市有轨电车拆除的讨论使大家更加关注公共投资决策的效率以及纠偏。就目前来看，我国不少城市仍有投入有轨电车的冲动。为什么建？如何建？评估的标准是什么？行政程序如何提升决策效率？这其中重要的不是拆和建，而是要体现公共决策科学性。

关键词：公共交通建设；行政管理；Z市有轨电车

---

* 唐志红：西南交通大学公共管理学院；姚琳：西南交通大学公共管理学院；曾取：西南交通大学公共管理学院。

第一部分　案 例 正 文

一、引言

2017 年建成，2021 年停运，2022 年确定拆除——耗资超过 15 亿元的 Z 市有轨电车 1 号线在 5 年内"走完短暂一生"。"我高二的时候它才通车，没想到我大学还没毕业，就要拆了。"大三学生冯宇（化名）曾是 Z 市有轨电车的忠实乘客，每周都会拖着重重的行李箱乘坐有轨电车往返学校和家。冯宇心里清楚，这一天迟早会来：从刚开始运营时大家出于好奇心理绕道而来乘车感受，大部分车厢能坐满，到后来渐渐人影稀疏，车厢里"十座九空"。2022 年 1 月，民众在 Z 市有轨电车终点站 A 站看到，供电系统已关闭，轨道口被铁栏围住，停止维护，内部也有明显水迹。其建设规划是如何获批的，停用和拆除又经历了什么？这一切是如何发生的？

二、兴建有轨电车始末

（一）规划过程

有轨电车作为先进装备制造业的代表，往往为提升城市形象予以引进建设。Z 市 D 区人民政府官网早期信息显示，Z 市有轨电车 1 号线是"世界最先进的有轨电车、意大利原装进口、全国首辆 100% 低地板现代有轨电车"。

2011 年 7 月，DL 公司与 Z 市政府签署战略合作框架协议，将 DL 公司"100% 低地板有轨电动车"作为首个启动项目，在 Z 市分期滚动投资 150 亿元，建设一个现代有轨电车及地面供电系统生产基地。该公司计划将 Z 市作为探索要地，逐步向地铁整车制造及其他轨道交通装备制造领域延伸发展，甚至扩展到全国范围乃至世界更多地方。

地方政府对有轨电车建设也充满热情。2018年7月国务院印发《关于进一步加强城市轨道交通规划建设管理的意见》前，部分城市有轨电车项目由市级政府审批即可开工，门槛低，自由度高。地方政府申报建设地铁、轻轨等轨道交通制式，需要满足人口、GDP、财政收入等各方面条件，且需要国家发改委审批。Z市不满足修建地铁人口要求，申建地铁的城市一般公共财政预算收入应在300亿元以上、地区生产总值在3000亿元以上、市区常住人口在300万人以上；申建轻轨的城市，前述三项指标分别在150亿元以上、1500亿元以上和150万人以上。

2013年9月，Z市有轨电车1号线首期工程正式动工，全长8.9千米，12个站，总投资26亿元，计划于2014年11月前通车。2014年4月，理应在动工前召开的Z市"城市轨道交通线网规划修编暨现代有轨电车近期建设规划"听证会姗姗来迟，有参会者对项目提出质疑，例如，低地板有轨电车的相关技术能否适应Z市湿热多雨的环境等。Z市政府未对这些质疑作出相应解释。

Z市有轨电车"100%低地板有轨电车"技术来自意大利安萨尔多，特点是不需吊挂电力网，无视觉污染、绿色节能环保。但这套系统在意大利仅有几百米直线试验段，并未投入商业化运营。一位政府工作人员表示，当时引进尚未在国内落地的（国外）有轨电车技术，是一种尝试。如果技术最终成熟并得到推广，将形成一个巨大的轨道交通产业，对上下游产业的带动与Z市经济的发展具有重要作用。

（二）建成后运行的实际情况

2017年6月，崭新的蓝色电车近乎无声地划过轨道，缓缓停靠在车道中间科技感十足的站台上，众多市民专程前来试乘，更有市民宁愿绕路，也要坐有轨电车回家。

好奇心得到满足后，车站候车的人数开始减少，从少则十几人多则二三十人，迅速减少到寥寥几人。再后来，有些不繁忙的车次，已基本属于空车运行。截至2020年底，Z市有轨电车一号线实际运行结果为每日每公里 372 人次，仅为预测客流强度的 5% 。原因首先是，该项目并非坐落在 Z 市区繁华地带，且沿线市民的起点和目的地无法得到有效匹配。一号线长度仅为 8.9 千米，且沿线商场、居民区较少，许多市民出行需要换乘公交，十分不便；其次，沿线的 14 个车站与众多交通信号灯，大大限制了列车的行驶速度，有时行驶效率甚至不如公交车。除此之外，运行的 8 列有轨电车车辆到 2020 年底均已达到架修年限，架修费用将高达 2880 万元。

客流量不足而成本昂贵，有轨电车成了 Z 市的"包袱"。Z 市交通运输局公布的《Z 市现代有轨电车 1 号线首期项目处置重大行政决策（草案征求意见稿）》（以下简称《决策》）显示，该有轨电车三年间票款收入合计 387 万元，而财政补贴拨款 1.79 亿元，工程投资金额 13.27 亿元。

技术缺陷也是重要原因，这在建设之初就已露端倪。工程于 2013 年 9 月动工，2015 年 5 月已完成轨道正线和车站工程施工，建设时间约一年半。因选择的第三轨地面供电技术不成熟、不稳定，位于轨道上的地面供电模块下雨后容易漏电短路，造成建设、调试时间长，通车时间不断推迟，至 2017 年 6 月才开通试运营。官方统计，Z 市有轨电车 1 号线运营期间，共发生安全事故 19 起，其中地面供电系统相关事故 5 起，占比 26%；局部中断行车 30 分钟以上营运事件 77 起，其中地面供电系统故障引发的 58 起，占比 75%。2017 ~ 2020 年供电系统故障平均为 0.0775 次/千列千米，达不到行业标准的要求（供电系统故障率应不高于 0.05 次/千列千米），且故障率呈明显上升趋势。如继续对采用的第三轨地面供电技术进行改造，仅供电系统改造费用将达 9420 万元。针对有轨电车 1 号线的情况，Z 市曾在 2019 年 5 月、2020 年 5 月进行了两次评估，有两家工程咨询有限公司分别中标并出具评估报告，但结果未对外公布。《中国经营报》援引参与首次评估的人士称，虽然 Z 市有轨电车存在技术缺陷、客流量低等问题，但技术问题可以通过升级改造得到完善，这条线只是 Z 市有轨电车的第一条线，待 Z 市的轨道交通成网之后，1 号线客流会大幅提升。

2016 年 Z 市政府工作报告指出："Z 市有轨电车 1 号线没有按预定时间投入运营，主要是对项目技术应用的成熟度论证不充分。对此，Z 市政府承担主要责任。我们将以此为鉴，进一步提高重大公共决策的民主化和科学化水平。"

三、存在的缺陷

（一）Z市有轨电车弊端

就实际情况来看，有轨电车在运行上主要有以下几个方面的弊端。

一是运行低效率。很多乘坐过有轨电车的民众表示，有轨电车的运行速度实在是太慢了。别说与地铁相比，就连公交车的行驶速度，都比有轨电车快得多。由于有轨电车是在路面上行驶，所以相比较于地铁而言，有轨电车需要面临更复杂的交通路况。在这样的情况下，自然无法快速行驶。

二是运营成本高昂。上文已提到，Z市的有轨电车前期投资成本已经26亿元。在有轨电车建成之后，后期还会有各类维修费用和检查费用，各项费用加总起来，又是一笔不小的数目。除此之外，有轨电车的制动能力也是相对较差的。为了尽可能减少交通事故发生的频率，目前城市当中绝大多数有轨电车投放在相对比较偏僻的路段。在这种情况下，所需耗费的资金就更多了。

三是阻碍了其他交通。有轨电车的存在对城市道路交通形成了相应的负面影响。就目前来看，城市在发展之初，规划的公路普遍比较狭窄。也正是因此，不少发达城市现在面临交通拥堵的问题。而有轨电车行驶的前提，就是要有一个单独规划出来的车道。这对于本就不宽敞的公路来说，无疑是雪上加霜。

四是有轨电车的建设很容易对行人的人身安全造成影响。通常来说，有轨电车在建设之初交通部门需要专门安排人员维持建设秩序，这对于有限的人力、物力和财力来说，都是很大的耗费。

正是因为上述原因，有轨电车并不是当下城市公共交通发展一个好的选择。虽然国外很多城市中都有有轨电车，但这些有轨电车最主要的功能并不是交通运输，也不会对缓解城市交通压力起到任何作用。这些有轨电车更多的是为当地旅游业服务，其建设也是在公共交通和私人交通技术有限的背景下进行的。

（二）Z市有轨电车拆除意味着什么

Z市有轨电车被拆除意味着有轨电车的发展在Z市被否定，利用其带动产业发展的思路也被抛弃，更多城市应该从中得到警示。从投资的角度来看，如果客流量达不到一定的水平，有轨电车的投资有可能过于提前或者完全没有必要。如果其能够对交通堵塞起到缓解作用，才有兴建的意义。Z市拆除有轨电车，反映政府面对有轨电车实际运营情况思路有所转变，不能用无效投资增加地方政府的财政负担，有轨电车或者其他先进公共交通手段的引入应该从城市交通整体系统角度出发。

有轨电车是欧洲部分城市主流公共交通方式，在长期发展中塑造了独特的地域文化、出行习惯和运营管理体系，但这是其公共交通系统在城市扩张和技术发展的历史演进中形成的。反观中国，引入有轨电车的时间仅有短短十年，对有轨电车修建、运营和管理等方面缺乏整体的认知。若仅是拿来主义的做法而忽略当地固有的城市道路交通空间分布，必然会导致"水土不服"。

Z市有轨电车被拆的教训，给国内"有轨电车热"浇了一盆冷水，但对于有轨电车行业的未来发展，仍有相当一部分人持乐观态度。业内共识是，当客流量大于3万人/小时，选择地铁；客流量小于0.5万人/小时，选择地面公交系统。客流量在0.5万~3万人/小时时，选择何种交通制式并无定论，而有轨电车无疑是最具竞争力的可选方案之一。2021年2月，DL公司副总经理对Z市有轨电车问题发表了自己的看法，他认为应该充分发挥交通网络化的长处，比如建设城区东部的现代化有轨电车网络、与附近的公交交通线路高效对接。有轨电车，拥有巨大的潜在市场，据估算大约能在400多个城市得到推广，既是超大城市和特大城市交通网络的补充，又可以是大城市的骨干交通。

汉唐技术有限公司董事长周麟认为，基于参建单位的专业化能力提高，更多城市的有轨电车系统得到成功应用，有轨电车市场将持续扩大，其车辆和工程建设等各方面成本将被摊薄，这将使有轨电车项目的综合造价进一步下降，市场前景值得期待。

有轨电车作为一种造价低、运营成本低、环保的交通方式，在国外经历过数十年的现实检验，但目前，有轨电车在中国需要有更多成功案例，让更多的人相信其价值，给市场以信心。尽管遭遇波折，有轨电车的建设和运营仍在小心翼翼的尝试中，探索更长远的未来。

四、"Z市有轨电车停运被拆"事件反映出的行政管理相关问题

（一）行政公开

政府信息公开制度建立在公民知情权和公民解释责任的基础之上，即公民、法人、其他组织在公民权利范围内享有的权利以外的其他信息。政府重大决策公开是建立健全政府决策制度、推动政府决策科学化、民主化、法治化、提高决策质量的必由之路。对各级政府决策的启动、执行、监督、决策过程的公开都有很大的影响。公开的内容包括公开事项的种类、名称、承办单位和预期的时间等，还需要向公众公开征集建议，通过官方网站、报刊、广播、电视、微博、微信、新闻发布会等，确保将政务信息传达到位，让社会群体充分地了解、关注。

Z市政府在有轨电车的建设规划、建设过程、运营过程、强制拆除等方面都做到了充分的行政公开，使Z市有轨电车的相关政策信息公开透明，并密切关注公众意见，注重群体利益，由于技术上的亏损、经营不善、财政亏损、市场需求不足等负面影响，Z市有轨电车最终被确定拆除。

（二）公共行政决策

公共行政决策是指政府在决策过程中，通过分析、选择和考量决策有关的因素等来实现决策的过程。重大行政决策往往对经济社会发展影响重大，涉及重大公共利益或者社会公众权益，事关改革发展稳定大局。目

前，我国各地方政府相继出台了重大行政决策从制定到发布的相关规定，为重大行政决策提供了制度依据。随着时代的发展，我国政府的决策手段日益多元化，各种理论也随之产生，且各有特色。虽然决策程序在发展中越来越趋向标准化，但它也有其独有的特征，如主体的合法性、对象的广泛性、目标的非营利性、制定关联性、功能社会性等。

行政决策过程的环节主要有：一是对问题的认识、问题的定义、差距的确定；二是制定决策准则，确定各指标的权重；三是制定决策计划，包括初步制定和细致的规划；四是对项目实施方案进行分析，并对所制订的各项决策方案进行系统、全面的分析；五是选择方案，在经过分析之后，再进行决策；六是制订计划，改进决策；七是全面评价决策方案的执行效果。为了保证决策过程的科学性和合理性，在决策过程中需要由多名相关人员参与，减少决策失误的可能性。因此，参与政府决策，须由政府代表、专家学者、社会团体、私营企业、公众等各方面的共同努力，提出不同的观点意见，再进行理性比较，最终形成最优决策方案。

2021 年 5 月 31 日，Z 市有轨电车 1 号线首期项目处置重大行政决策听证会召开，16 名听证人员中，只有 1 名对拆除投了反对票，其余 15 名代表均表示赞成拆除。2021 年 6 月 15 日，Z 市交通运输局公布的《Z 市现代有轨电车 1 号线首期项目处置重大行政决策听证报告》显示，16 名听证人员在关于 Z 市现代有轨电车 1 号线首期项目"拆除或保留"两种处置方案中，有 15 人支持拆除。2021 年 7 月 20 日，Z 市人民政府在官网上发布了调整后的《Z 市人民政府 2021 年度重大行政决策事项目录》，有轨电车 1 号线首期项目处置工作被纳入其中，由 Z 市交通运输局承办，时间计划在 2021 年 1 ~ 12 月，这意味着该项工作要在 2021 年内完成。

（三）公共财政

公共财政是指国家（政府）将社会资源的一部分集中起来，用以向市场供给公共产品和服务，以满足公共需求的一种分配或经济行为。这是一种符合市场经济发展客观需要的一般金融模型。公共财政在促进资源配置、公平分配、调节社会经济、监督管理等方面起到了积极作用。国家公共财政在社会经济生活中发挥着巨大的作用，是国家治理的基础和重要支柱。

Z市交通厅在2021年4月发布的《Z市现代有轨电车1号线首期项目处置重大行政决策（草案征求意见稿）》中披露，该项目第一期工程于2013年9月开工，2017年6月投入试运行，总投资13.27亿元；截至2020年末，共收取票款387万元，其中政府补助资金1.79亿元；日平均旅客3378人次，与可研报告预计的每天7700人次相比，存在着很大的差异，社会效果并不是很好。Z市有轨电车建设初期投入巨大，但投入运行后未收回成本，效益欠佳，造成收支失衡。Z市政府在有轨电车的技术上投入了大量的资金，在这种巨大的资金压力下，他们必须从整体的角度来考虑，决定是否要拆除有轨电车。

（四）市场需求

市场需求指特定的消费者，在特定的区域、特定的时间、特定的市场条件以及特定的市场计划的情况下，愿意并能够购买的特定产品或服务。可见，市场需求是由消费者的需要而产生的，这不仅与产品的价格有关，还与消费者收入、消费偏好、期望以及其他相关产品的价格有关。所以，在实施一个特定的工程项目之前，必须对市场进行调查，并对其进行市场需求分析。市场需求分析包括目标市场的确定、地理区域目标市场的确定、消费限制条件的确定、消费数量的预测。同时，针对不同的目标市场、不同的市场环境（如淡季），应遵循"以人为本"的原则进行差异化营销。提前掌握市场动态，密切结合市场需求，坚持以客户为中心，以市场开发为重点，从而提高项目效率和效益。

关于Z市有轨电车的建设，前期的市场需求分析做得不够科学、合理，电车的实际运营效果远远低于预期估计，各种现实原因导致人们对有轨电车的使用频率不高。其中包括：第一，很多居民表示有轨电车的行驶效率低，经常发生交通拥堵，使用有轨电车时间长，不方便。第二，有轨电车的线路设计有偏差，没有很好地覆盖到居民生活区，与居民出行路线不匹配。第三，有轨电车运营后发生过多起安全事故，这样的安全隐患降低了居民的搭乘意愿。第四，新冠疫情以来，有轨电车停运后，人们发现公交完全可以替代有轨电车等，以上这些因素都导致了 Z 市有轨电车市场需求低，而投入和运营成本高，收支不平衡，最终不得不被拆除。

（五）公众舆论

公众舆论是一种特定的社会思想，反映了特定的集体利益、愿望和诉求。公众舆论就是民意，对整个社会都有很大的影响。社会传媒已经改变了公众表达意见的形式，而情绪在社会传媒中的重要性日益凸显。很多重大的公众舆论现象都与情绪相关。随着社会信息化的深入推进，社会舆论对公众情绪和社会稳定的影响越来越大。敏感的社会问题一旦在网上出现，便能迅速形成舆论焦点，引发社会关注，影响社会稳定，这就使舆论引导的复杂性和艰巨性大大增加。而网络舆情则是社会舆论的主要表现形式，具有直接、随意、突发、多元、偏差等特点，一旦处理不当，可能对社会产生较大的影响。

通过对有关"Z 市有轨电车建设"44 篇新闻的报道分析发现，此次公众舆情呈现出触发点多、持续时间长、参与者众的特点。有轨电车的运行效益远远低于预期估计，为避免造成不良影响，Z 市政府紧急召开关于有轨电车处置的听证会，邀请社会大众、专家学者、企业等各界人士参加，征求民意，最终，为避免造成更严重的损失，决定拆除有轨电车，以减轻 Z 市的经济发展压力。

五、开向何方（发展路径）

发展新型有轨电车，必须考虑其高昂的投资成本和有限的运营能力，必须谨慎研究线路走向、路权保障、用地控制和制式选择，理性发展。

（一）全局考虑规划，因地制宜建设

规划建设有轨电车，应具体问题具体分析，提前明确有轨电车系统与城市的适应性，明确有轨电车在城市所担负的功能，在有轨电车运行线路

网络规划时必须遵循并反馈城市规划，保证城市规划的需求与有轨电车的相关特征相匹配；同时需要依托综合交通发展策略，协调好交通走廊，处理好与建设地铁的关系，以及与其他交通方式的合理衔接；在系统制式选择上，需全面考虑，具体问题具体分析，综合对比各种方案选择最优方案，充分发挥各系统制式的优点，避免系统制式的弊端，从而达到出行需求与投资运维的动态平衡。

（二）重视客流需求，提高运营效益

Z市有轨电车的建设由于没有充分考虑"公交优先"的交通理念，过于强调"占一还一"，压缩了行人和非机动车的出行空间，导致部分运营线路客流运营效益达不到工程投入预期。所以在有轨电车前期规划过程中，应首先考虑客流需求，有计划地推进有轨电车网络化建设，合理分配道路资源，给予有轨电车合理的路权与通行优先权，并与常规公交线网进行整合，充分接驳，提高客流效益；有轨电车线路的建设必须摒除单线试验，从网络运营服务的角度，做好互联互通的网络运营组织规划，从而构建合理化、层次化的有轨电车线网结构，可以采用支线、并行（快）线路的布局；同时，在运营过程中，应根据客流需求和网络结构特点，因地制宜地采取灵活编组、多交路、快慢车、跨线、共线等网络化运输组织方案，努力实现运能与运量合理匹配、工程建设与运营成本低、乘客出行方便且时效好，以提高城市轨道交通服务质量。此外，在网络互联互通的基础上，可以做好资源共享，降低运维成本，提高有轨电车运营效益。特别需要考量的是，每个城市在上马交通项目时都会做客流需求分析，但这种需求往往被夸大，而部分城市在初期投入不达预期之后往往认为是交通还没有成网络，导致在已有错误投资基础之上扩大投资。

（三）融合城市设计，提高服务品质

从城市设计角度来看，应统筹开展有轨电车与周边景观环境的一体化设计。一方面，在遵循公交车优先的前提下，考虑相对应的街道设计，改善沿线景观环境的同时达到提升城市形象和城市生活品质的目的；在投入使用时，应实施降噪减震措施，降低对市民生活工作的干扰。另一方面，可以通过有轨电车周边土地综合开发，提高财务平衡的能力，促进有轨电车高效集约、可持续发展，提高服务品质和在公共交通出行中的竞争力。

六、结 语

公共交通安全和公共交通基础设施建设是城市建设和发展的重中之重。各地政府需要付出更多的努力，才能够更好地服务于民。要坚持以人为本，提高城市公共交通供给能力和服务品质，增强城市公共交通吸引力和竞争力，让公众共享城市公共交通发展成果。还要以需求为导向，推进规划、建设、管理、服务协同发展，不断创新管理机制和服务方式，充分发挥新技术等在城市公共交通领域的积极作用。今后在城市交通设施建设上应更加注重因地制宜，分类发展。根据城市规模、经济水平、地理环境、出行需求等因素，合理构建城市公共交通发展模式，分类确定发展目标和发展任务。深入贯彻城市公共交通优先发展战略，落实绿色低碳理念，不断提高城市公共交通服务品质，更好满足经济社会发展和人民群众出行需求，为建成美丽便捷城市而努力奋斗！

思考题

1. Z市有轨电车从建设到拆除的详细过程是怎样的？当地居民对这个项目的态度是怎样的？其中有哪些弊端是需要在今后发展规避的？

2. Z市有轨电车的建设和拆除，政府如何进行的行政公开？

3. 对于Z市有轨电车被拆除，政府是如何开展公共行政决策的？

4. Z市有轨电车被拆除与公共财政、市场需求、公众舆论之间存在什么样的联系？

5. 根据Z市有轨电车的失败教训，你对今后如何有效发展有轨电车交通，有什么好的建议对策？

参考资料

［1］王忠强．有轨电车的发展浅谈［J］．交通与港航，2014，1（2）：7－9. DOI：10. 16487/j. cnki. issn2095－7491. 2014. 2. 15.

［2］陈海伟，巫瑶敏．我国有轨电车发展的总结、反思与迈进［J］．交通与港航，2019，6（5）：68－74.

［3］珠海有轨电车确定拆除预计2022年完成［J］．隧道与轨道交通，2022（1）：54.

［4］孙丽朝．珠海有轨电车确定拆除　预计2022年初完成［N］．中国经营报，2022－01－17（A04）. DOI：10. 38300/n. cnki. nzgjy. 2022. 000170.

［5］张锐．珠海有轨电车"拆除"难题［N］．经济观察报，2022－01－24（18）. DOI：10. 28421/n. cnki. njjgc. 2022. 000160.

［6］赵华安．公共舆情中政府反向动员的框架塑造——以珠海有轨电车建设为例［J］．中共珠海市委党校珠海市行政学院学报，2015（2）：63－68.

第二部分　案例使用说明

一、课前准备

（1）课前提前一周把案例正文发放给学生，要求他们熟悉相关内容。

（2）将思考题布置给学生，将学生分成 N 个小组，每个小组负责一道思考题，课前进行讨论，各组收集相关资料，做好课上分组讨论的准备。

二、适用对象

本案例主要适用于公共管理硕士（MPA）"区域规划与城市治理""公

共行政理论与实践"课程的学习；也适用于公共事业管理本科《公共事业管理概论》课程的学习。

三、教学目标

本案例从"Z市有轨电车被拆除"的背景入手，深入分析了解该案例发生的前因后果，厘清逻辑。接着，从专业角度多方面分析有轨电车被拆除背后的各种缘由，总结城市交通建设与管理的经验教训，为今后城市交通基础设施的建造设计提供更好的指南，也为人们生活出行提供更为便捷的服务。同时，在学习案例的过程中帮助同学们更深刻理解案例包含的行政管理相关知识要点，理解行政公开的必要性，掌握公共行政决策的过程参与，知晓公共财政的职能作用，同时在对待公共事务时要兼顾市场需求和大众舆论等因素，从多方面多角度剖析案例，总结教训不足，为以后公共政策决策思考提供更好更全面的参考意见。

四、教学内容及要点分析

（一）案例涉及的理论与要点

1. 行政公开制度

（1）定义及背景现状。

行政公开制度是现代行政程序制度之一，也是现代民主国家的一项必备制度，它是行政民主和行政法制的前提和基础。我国行政公开制度是基于宪法规定的知情权以及行政机关的行政说明责任，自然人、法人或者其他组织有权获得行使公权力的组织的除外事项之外的任何信息的制度。随着我国市场经济体制的建立和发展，政府管理制度也相应发生改变，人民当家作主的意愿不断增强，公民权利意识逐步提高，行政公开制度随之发展，公开形式多样，内容丰富，种类多元。在我国，由国务院统一发布的《政府信息公开条例》已经正式立法，在各级政府间推行。2003年1月1

日我国第一部地方政府信息公开规章《广州市政府信息公开规定》开始施行，为我国信息公开奠定了坚实基础。

（2）现实意义。

行政公开制度保障了人民对政府政务的知情权，进一步促进了人民当家作主意识的提高，对国家发展、决策制定等都具有重要的现实意义。首先，建立健全完善的行政公开制度，一定程度上可以有效保障人民群众及利益相关者的利益；其次，还可以保证人民群众对政府政务的知情权，更好地对政府决策起到监督作用，防止权力滥用，危害集体利益。再次，政务公开还能够提高行政机关的工作效率，实行公开透明化，减少暗箱操作的现象发生，对实现社会公平公正具有积极作用。最后，行政公开紧密了政府与公民之间的联系，提高了政府为人民服务的宗旨意识。

（3）实施路径及做法。

我国在实行行政公开方面作出了许多努力，包括：第一，完善立法，保证行政公开的法治化。制定《政府信息公开条例》，将政务公开的相关事件纳入法律保护范围，建立健全信息公开的法律体系，真正保证有法可依。第二，引导我国公民树立主权意识，积极参与到政府决策中来。我国是社会主义民主国家，主张人民当家作主，政府在决策过程中有意识地引导公民参与其中，公开政务信息，密切联系群众，征求群众意见，把人民群众的利益放在首位，努力全心全意为人民服务。第三，完善行政公开制度，提高公务人员素质。政府政务公开按照规定制度要求执行，确保公开透明，杜绝权力滥用，同时在选拔公务人员时加强考核及培训，严格要求其专业知识、业务能力及品德素质，建设起一支拥有正确价值取向的高素质队伍。第四，加强监督，拓宽内外交流渠道。实行行政公开必须加强权力监督，防止行政腐败。除了完善行政机关内部的监督制度以及加强其他外部机关的监督外，人民群众的社会监督也十分重要。拓宽群众交流渠道，开展民意调查，落实行政公开，促使行政机关真正做到依法行政，确保人民群众利益不受损。第五，有效借助网络平台，积极推进政务公开。网络已成为大众参政议政的一个重要渠道，政府可以通过官网发布重大事件通知，公开政务决策，接受大众监督，还可以通过开放联系方式，接受大众批评建议，拓展服务空间等方式优化服务手段。

2. 公共行政决策

（1）定义及概况。

公共行政决策是政府为了解决某一个或某些问题而对相关影响因素进行分析、选择和决定的行为，影响公共行政决策的因素包括决策者的个人偏好、决策的环境、决策机制、决策方法、决策过程和决策目的等。早期在进行公共行政决策时，往往遵循"少数服从多数"的原则，之后随着社会的进步发展，公共行政决策方式也在不断多样化，发展出不同的公共行政决策理论，在决策主张上呈现出不同的特点。决策过程也在发展的过程中不断趋于规范统一，步骤大致包括：决策准备阶段，包括决策咨询、决策列举、决策模拟等；决策进行阶段，包括决策对比、决策选择、决策立法等；决策反馈阶段，包括决策效果评价、决策修改阶段、修改方案通过等。同时，公共行政决策也具有其自身的鲜明特点，包括公共行政决策主体的合法权威性、客体的广泛性、目标的非营利性、制定的关联性、功能的社会性。公共行政决策根据不同的标准，还可以划分为不同的种类。依据决策主体地位不同，分为国家决策、地方决策。依据决策目标地位作用不同，分为战略决策、战术决策。依据决策具有的条件及可靠程度不同，分为确定型决策、风险型决策、不确定型决策。依据决策问题出现情况不同，分为程序性决策和非程序性决策。依据决策方法的先进程度，分为经验决策、科学决策。依据决策者思维模式不同，分为理性决策、非理性决策。

（2）六种当代西方公共行政决策的主要方法。

①理性主义决策理论。

这是新制度主义的研究方法之一，与经济学理论中"理性人"假设相似。该理论假设决策者是理性的，从理性人的立场角度作出理性行为，西蒙作为代表人物在理性主义决策理论中加入了有限理性的思想。

②渐进主义决策理论。

渐进主义决策理论的代表人物林德布罗姆提出了三种基本形式，包括连续的有限比较型渐进主义、离散型的渐进主义、调试型的渐进主义。该决策理论能够有效解决决策中遇到的矛盾、冲突、争端等，但它的弊端是可能带来谁都无法满意的结果，并且过程漫长，结果很有可能存在严重的滞后性。

③最佳决策模型理论。

该理论是建立在接受"理性人"的假设基础上的，与"满意原则"相对的"最佳原则"决策模式。该模式需要建立起两个或两个以上的决策方案，通过仔细比对分析，结合实际情况作出最佳选择。但是它也有一个现实缺陷，无法做到绝对的最佳，只有相对最佳。

④系统决策理论。

该理论强调系统综合地看待问题、解决问题，具有系统性、整合性、动态性和平衡性特点，能够有效规避决策风险，降低压力，权衡决策力量。但是也存在不足之处，政府公共行政决策会受到很多非客观因素影响，给决策带来不确定性，从而产生困难。

⑤团体决策理论。

该理论起源于集团理论的研究，主要代表人物有本特利、杜鲁门、达尔等。团体决策研究强调政府决策不应仅受传统强势利益集团的影响，还应该着重于弱势利益集团的影响，以利于广泛民主的实现。

⑥精英决策理论。

该理论实行的是建立在多数民主基础上的少数人的民主，从多数人中选举产生出精英，然后由精英代表参与实际决策。它是建立在传统的官僚制基础上的，认为只有上层阶层才能具备统治社会的能力。它的弊端就是很有可能带来少数人的暴政，产生精英主义的极端行为。

3. 公共财政

（1）定义及概况。

公共财政是指国家、政府集中一部分社会资源，用于为市场提供公共物品和服务，满足社会公共需要的分配活动或经济行为。它是普遍适用于市场经济发展客观要求的一种财政模式。它的主要形式包括税收、债务、国有资产收益等。它的理念特征包括：第一，弥补市场缺陷。市场机制本身存在垄断、信息不充分、滞后等不足，会造成市场失灵现象，这时就需要政府发挥宏观调控作用，借助财政手段介入干预，弥补市场缺陷，保护市场的资源配置作用。第二，为市场提供公共产品。由政府公共部门供给来满足社会公共需要的商品和服务，提供公共服务产品。第三，依照公意民主决策。公共财政的宗旨是满足社会公共需要，按照社会公意进行社会集中性分配。第四，依法规范理财。公共财政的收支是建立在法制基础上的，一切按照法律程序办事，严格审批，公开透明。第五，接受公众监督。公共财政是为公众服务的，受到人民群众的监督，以规范为政者行为，保证人民利益不受侵害。

（2）职能作用。

①公共财政有助于资源合理配置。

在社会主义市场经济中，市场是一只"无形的手"，在资源配置中发挥基础作用，因为各种客观因素影响，市场会出现失灵情况，此时就需要政府这只"有形的手"通过财政手段和货币手段进行宏观调控，弥补市场不足，调节社会资源的合理分配。

②公共财政有助于收入分配公平化。

市场化分配有利于提高效率，但是也容易引起收入分配不公平现象，造成社会成员之间收入差距增大，贫富两极化，产生不良社会效应。这时就需要政府对市场的初次分配进行再分配，维护社会公平，调节收支不平衡，缩小差距。

③公共财政有助于调控社会经济。

政府通过实施特定的财政政策，促进较高的就业水平、物价稳定和经济增长等目标的实现。政府根据宏观经济运行的不同状况，采取相应的财政政策，当经济萎靡时，采取扩张性财政政策，当经济过热时，采取紧缩性财政政策，当经济平衡时，采取趋于中性的财政政策。

④公共财政有助于监督管理。

在市场经济条件下，因为市场主体的多元化和市场竞争的自发性，容易产生市场混乱，这时需要政府监督管理，规范秩序，促进社会主义市场经济健康发展，维护国家和人民的根本利益。

4. 市场需求

市场需求指一定时间内和一定价格条件下，消费者购买某种商品或服务的意愿并且能够购买的数量，市场需求的构成要素包括消费者的购买欲望和消费者的支付能力。影响市场需求的主要因素包括消费者偏好、个人收入、产品价格、替代品和互补品价格、预期及其他因素。

5. 公众舆论

公众舆论是指相当数量的公民对于某一问题具有共同倾向性的看法或者意见，它是社会意识形态的特殊表现形式，往往反映出一定集体的利益、愿望和诉求。舆论是大众的意见想法，对于社会具有重要影响，进步的舆论会发挥出积极影响，失控的舆论也会导致重大社会危机事件发生。所以政府应该重视对公众舆论的控制和引导，发挥其积极效益。

（二）案例思考题分析要点

1. Z市有轨电车从建设到拆除的详细过程是怎样的？当地居民对这个项目的态度是怎样的？其中有哪些弊端是需要在今后发展规避的？

Z市有轨电车是Z市在2017年10月15日正式开通运行的第一个城市轨道交通系统。其开通最初是为了配合公交巴士、公共自行车等公共交通，缓解当地交通拥堵情况，促进Z市的便民出行，为美化城市环境作出贡献。但实际情况是，有轨电车运营一段时间后出现了一些无法逆转的问题，客流量严重不足，出行耗费时间长，电车行驶效率低，甚至还出现了技术缺陷，存在乘坐安全隐患。对此，当地居民的态度由最初的新鲜好奇转变成为抱怨，逐渐不再使用有轨电车出行。

为此，需要规避的弊端包括：一是电车运行效率低。在城市内部复杂交通路况下，Z市有轨电车运行速度慢，远低于地铁，给人们日常出行带来不便。二是电车运营成本高昂。Z市有轨电车在运营成本高，加上日常维修和技术更新，更是花费不少，再加上客流量不足，成本难以收回，造成当地财政严重的入不敷出。三是管理不当，反而给城市交通带来负面压力。Z市有轨电车规划的线路需要单独占用一个车道，这给本来就不宽敞的路面带来了不小的交通压力。面临拥堵情况还需要增加人力进行交通秩序管理，增加了人力、物力、财力的耗费。

2. Z市有轨电车的建设和拆除，政府如何进行的行政公开？

Z市有轨电车建成前，政府积极宣传动员，召开相关会议对社会各方意见进行探讨研究，并借助大众传媒的手段公开讨论结果及会议内容。Z市有轨电车建设过程中，政府也对此项目进行了公示，但相关程序更多是开工后"补"。政府对有轨电车票价也进行了公示，Z市有轨电车1号线首期工程12列"无辫"列车2015年"五一"前后试运营，将按照普通公交票价收费，即每人2元，并且采取"一票制"的收费方式。2017年6月13日Z市有轨电车开通试运营后，政府也积极公开了2017年的整体运营情况。有轨电车通过几年的运营，遇到了很多问题，给政府财政造成一定的损失。对此，政府针对有轨电车的去留问题展开了深入讨论，并将探讨结果公布。Z市政府发布了《2021年度重大行政决策事项目录》，其中包括有轨电车1号线处置工作。这意味着建成运营仅4年、投资超过20亿元的重大项目被拆除。

3. 对于Z市有轨电车被拆除，政府是如何开展公共行政决策的？

关于对Z市有轨电车应该拆除还是保留，当地政府进行了激烈的讨论，向大众公开征求意见。2021年11月19日Z市交通运输局发布了《Z市现代有轨电车1号线首期项目处置重大行政决策（草案征求意见稿）公开征求意见汇总表》，通过Z市门户网站或邮箱共收到关于该项目处置重大行政决策149条有效建议。其中，关于拆除的建议有102条，占比68.5%；保留的建议有43条，占比28.9%；其他意见4条，占比2.6%。由此可见，大部分意见认为应该拆除Z市有轨电车，拆除的原因在于：有轨电车存在技术缺陷，存在安全隐患；运营成本高，公共财政损失大；客流量少，市场需求不足等。2021年Z市"两会"期间，多位代表委员建议早日拆除。2021年5月31日，Z市政府还举行了有轨电车1号线首期项目处置重大行政决策听证会，16位听证参加人仅有1人对拆除投了反对票，其余15名代表均支持拆除。由此，综合各方意见，Z市有轨电车被拆除。

4. Z 市有轨电车被拆除与公共财政、市场需求、公众舆论之间存在什么样的联系？

Z 市有轨电车全长约 8.89 千米，开通运营不足 4 年，工程投资和财政补贴超过 15 亿元，最后因技术缺陷、亏损运营等问题决定拆除。通过深入了解其中的缘由，我们发现其与当地的公共财政、市场需求及公众舆论都存在着一定的联系。

Z 市交通运输局的数据显示，有轨电车平均每年财政补贴 4400 多万元，加上项目每年折旧费约 4700 多万元，年均运营成本约 9100 多万元。《Z 市现代有轨电车 1 号线首期项目处置重大行政决策（草案征求意见稿）》还指出，如果继续保留有轨电车 1 号线首期项目，未来还要承担较大的改造成本。根据测算，如继续对采用的第三轨地面供电技术进行改造，仅供电系统改造费用将达 9420 万元；如改用相对成熟的超级电容供电技术方案进行技术改造，费用会更高。这样一来，对 Z 市的财政收入将会造成很大的影响，公共财政投入较大，经济压力也会大幅提升。同时，Z 市有轨电车的客流量并不乐观，使用人数没有达到预期，市场需求不足，供大于求，这无疑增加了 Z 市的经济负担，产生的社会效益也很不理想。另外，有轨电车的路线挤压道路空间，加剧了城市交通的拥堵，降低了交通工具的行驶效率，并且在运营过程中还发生了多起交通安全事故；这些情况严重影响了 Z 市的城市形象，大众开始对有轨电车持有怀疑态度，认为完全可以用公交代替有轨电车。这样一来大众舆论也开始偏向于拆除电车，最终政府作出拆除 Z 市有轨电车的决策。

5. 根据 Z 市有轨电车的失败教训，你对今后如何有效发展有轨电车交通有什么好的建议对策？

根据 Z 市有轨电车运营失败的教训，今后城市在发展有轨电车交通时还需要注意以下几点：第一，因地制宜，统筹全局。在城市中规划建设有轨电车时，要遵循因地制宜的原则，综合考虑各种因素，听取各方意见，最后综合考量当地是否适宜建设电车交通。在适合建设的情况下还需要统揽全局，设计规划好电车运行线路，避免造成运行效率低、不符合市场需求的情况，真正为改善城市交通发挥作用。第二，重视市场需求，提升经济效益。在设计规划有轨电车时，必须提前做好市场调查，围绕市场需求提供公共交通产品，避免无人乘坐导致大量资源浪费的情况出现。同时，在运行管理中要注重追求经济效益，良好的效益才能维持电车交通长久运行。第三，融合城市特色，追求服务高品质。有轨电车在城市交通规划设计时可以体现当地的人文特色，根据出行需求设计服务产品，展现出特有的人文关怀，使其更好地服务于大众，散发出该城市独有的温度，从而赢得市场的认可，对提高经济效益、社会效益也有所助益。除此之外，还可以借鉴国内外有轨电车发展比较好的城市的经验，取长补短，综合考量，为提升当地城市交通奠定下坚实基础。

五、教学安排

本案例可以作为专门的案例讨论课来进行。按照时间进度，建议课堂计划做如下安排：

1. 案例介绍（15 分钟）

Z 市有轨电车案例简介，重点说明本案例发生的背景以及现状；明确教学目的、讨论主题以及课堂计划和时间安排。

2. 第一阶段课堂讨论（40 分钟）

按照 5 道思考题的顺序，将课堂讨论过程分为 N 个小节，每小节 10 分钟，依次在 PPT 上展示讨论问题，由各小组派 1 名同学进行陈述，其他同学补充。

3. 启发点评（15 分钟）

进行思考题理论依据、解析思路的探讨，教师可根据教学要求，简单介绍本案例中涉及的相关理论，并进行思考题解答分析。

4. 第二阶段课堂讨论和总结（20 分钟）

在教师启发点评的基础上，引导学生进一步进行课堂讨论，发言交流，最后教师进行归纳总结。

六、参考资料

［1］王亚范．论我国行政公开制度的建设与完善［J］．长白学刊，2006（6）：27 - 30．

［2］国内首列"无辫"有轨电车在珠海入轨调试［J］．都市快轨交通，2014，27（6）：15．

［3］怀揣梦想　砥砺前行　珠海现代有轨电车开通半年初战告捷［J］．城市轨道交通，2018（1）：24 - 25．DOI：10.14052/j. cnki. china. metros. 2018. 01. 006．

［4］杨晓怿．珠海有轨电车拆除启示录［J］．决策，2021（10）：65 - 67．

［5］孙丽朝．珠海有轨电车确定拆除　预计 2022 年初完成［N］．中国经营报，2022 - 01 - 17（A4）．DOI：10.38300/n. cnki. nzgjy. 2022. 000170．

［6］张锐．珠海有轨电车"拆除"难题［N］．经济观察报，2022 - 01 - 24（18）．DOI：10.28421/n. cnki. njjgc. 2022. 000160．

案例三 矛盾、整合与互适：C市Z社区"二网融合"案例分析

王　斌　鞠松男*

摘　要：随着城市轨道交通飞速发展，地铁线路与常规公交面临优化整合的问题。在此背景下，C市出台了"二网融合"的相关政策，旨在优化和整合公交线路，减少公共交通资源的浪费。但政策在推进过程中却出现了公交与地铁"融"而不"和"的矛盾。本案例尝试分析"二网融合"政策在社区场景执行中遇到的问题，以期为超大特大城市高质量的公共交通出行环境提供治理借鉴。

关键词："二网融合"；公共交通；政策执行；轨道交通

第一部分　案 例 正 文

一、引言

2020年12月17日，市民张阿姨像往常一样在公交342路中海国际

＊王斌：西南交通大学成渝地区双城经济圈交通与发展研究院；鞠松男：西南交通大学公共管理学院。

站准备乘车进城。在等候 342 路的过程中，猛然发现站牌上已没有了 342 路站位信息。同时，站牌上张贴了 C 市公交集团营运生产部的告示："为配合地铁线路开通，促进轨道公交两网融合发展，按照线网优化原则，我司拟于 2020 年 12 月 20 日起调整 K12 线（中海国际——成都东客站）、30 路（高新西区公交站——西御街），同时暂停 342 路（中海国际——建设南路东），取消 30 路中海国际站，请乘客换乘 K12 线出行。"至此，Z 社区进城直达的公交线路被取消。若 Z 社区居民选择公交进城的方式，出行的时间成本随之大幅增加，因此引发该社区民众强烈不满。

不久，Z 社区居民要求 C 市公交集团重新制定线路优化方案，将 30 路恢复为由中海国际站发车。对此，C 市公交集团作出回应：恢复 30 路原走向，并将新走向的 30 路重命名为 30A，以两线并进的方式服务片区居民。在公交集团的快速回应下，此次"风波"也得以暂时平息。但由于 30 路与 30A 路混合发车运行，经常造成线路周转不畅、间隔过长等问题，再次导致 Z 社区居民不满，并利用问政理政平台广泛表达自己的诉求。2021 年 1 月，为解决 Z 社区居民反映的问题，C 市公交集团不得不重新整合运力资源，提高 K12 线配车数量，缩短 Z 社区居民进城时间。Z 社区公交线网优化方案在居民诉求的持续表达中完成了动态优化。

二、线路调整的缘起

（一）轨道上的锦官城

C 市地铁的建设速度位居全国之首，10 年时间建设里程突破 500 千米，书写了城市轨道交通建设的奇迹。2005 年 11 月 11 日，国家发改委下达了《关于 C 市地铁 1 号线一期工程可行性研究报告的批复》。2010 年 9 月 27 日，C 市地铁 1 号线（升仙湖——世纪城）开通运营，这标志着 C 市开启了地铁时代。2020 年 12 月 18 日上午 10 时，C 市地铁五线齐发，成为国内首个一次性开通 5 条地铁线路的城市。截至 2022 年 7 月，C 市已经开通地铁线路 12 条，有轨电车线路 1 条，轨道交通里程（含市郊铁路）

共计 652 千米, 位列全国第三。

2022 年《C 市 "十四五" 城市建设规划》中提出, 预计到 2025 年, C 市的轨道交通里程将突破 850 千米。同时, 市委市政府还将强化 "二网融合" 战略, 引导居民选择绿色低碳出行的方式。在坚持公交优先的发展理念下, 进一步推进 "轨道 + 公交 + 慢行" 的融合发展与衔接, 构建 "轨道引领、公交优先" 的格局。

(二) 被边缘的公交车

在轨道交通飞速发展的背景下, C 市公交不复以往城市交通 "老大哥" 的光彩。大量市民放弃公交车而选择地铁出行, 一些干线经常在平峰期出现 "拉椅子" 的现象。为此, C 市公交集团开始探索与地铁共同发展的新模式。在 "强饲喂、重接驳" 的方针下, 开通多条地铁接驳公交, 暂停、拆分与地铁重复度过高的线路。2016 年 1 月 4 日, 为配合地铁 4 号线开行并合理控制运行线路长度, C 市公交集团对 78 路进行拆分, 成为 C 市公交集团配合地铁线路开通而进行优化的开端。随后, 112 路、98 路、79 路、10 路等公交干线先后被拆分。2017 年 10 月 12 日, C 市公交 81 路在地铁 2 号线、地铁 4 号线的冲击下, 成为 C 市第一条因地铁停运的线路。到 2020 年底, 随着 C 市地铁五线同步开通, C 市公交暂停、裁减三环以内线路 65 条、优化调整线路 70 条。

由于地铁线路在投运后无法改变, 为配合地铁运行, C 市公交集团不得不作出 "让步", 从市民出行的 "中心" 走向 "边缘"。随着公交线网的不断优化, 一些骨干线被拆分甚至暂停, 引发部分依赖公交出行市民的争议和不满。这是因为: 一方面, C 市地铁的票价相对较高。对于低收入群体而言, 即使投入相对较高的时间成本, 他们也愿意选择价格相对低廉的公交车。另一方面, 地铁开通之后, 公交车的客流量同比大幅缩水, 造成 C 市公交集团严重的亏损。为了解决亏损问题, C 市公交集团开通了诸多地铁接驳线路, 试图依靠地铁为自身 "导流"。但这些线路在共享单车、"火三轮" 的冲击下仍不具市场优势, 难以提高公交车被边缘化后的营运收入。

三、Z 社区的"矛盾"

（一）突如其来的调整通知

2020 年 12 月 20 日，C 市公交集团在 C 市地铁五线齐发后开始实施第一批线路调整计划，Z 社区公交线网的调整计划位列其中。此方案在实施之前，C 市公交集团并没有实地了解市民出行需求。同时，政策公布到执行的过程时间较短，自 2020 年 12 月 17 日公示至 20 日正式实施，仅有 3 天时间。市民王先生表示："C 市公交集团仅用 3 天时间来改变我们 10 年的出行习惯，这让我们无法接受。"还有一些市民，并没有注意到站牌上的调整公告，在 12 月 20 日候车时，才发现已经存在 10 余年的 342 路已经停运。

（二）不受认可的优化方案

突如其来的调整公告让 Z 社区居民一时不知所措，而优化方案的内容更是无法让居民们"买账"。经常乘坐 342 路进城办事的张阿姨反映："无论是换乘地铁还是快速公交，342 路都十分方便。取消 342 路，让她的出行时间成倍增加。现在新增的 K12 线没办法在一品天下站换乘地铁，也不能直接进城。"事实也正如张阿姨所言。342 路在停运之后，按照优化方案，由快速公交 K12 线以及调整之后的 75 路进行补充。但 342 路走行的蜀光路区间，并未与 K12 线充分拟合。对于 Z 社区到蜀光路出行的居民而言，除了换乘的方式外，没有更好的选择。

如果说 342 路的暂停已经让 Z 社区居民出行"苦不堪言"，那么，30 路的始发站从 Z 社区调整至高新西区公交站更令居民出行不便"雪上加霜"。张先生反映，他以往每天都需乘坐家门口的 30 路上班，但 30 路被"搬走"后，自己的上班之路愈发艰难。张先生表示："此次公交线路调整，使 Z 社区没有一条直达进城的公交线路。从城里回家，需要在蜀西路上的何家三队站下车。穿过车流量大、没有地下通道或天桥的蜀西路步行回家。"退休居民李大爷表示："30 路撤出 Z 社区后，Z 社区没有一条直接去往天府广场的公交线路。我平常喜欢遛遛弯、喝喝茶、摆摆龙门阵。原来坐 30 路去天府广场、人民公园都很方便，30 路改道后，对我们老年乘客出行太不方便了。"

（三）出乎意料的"堵路事件"

一纸告知书及其带来的并不便利的线路调整，成为引发 Z 社区居民不满的"导火索"。2020 年 12 月 20 日，为了争取公交出行权益，Z 社区居民对中海国际公交场站进行围堵，这不仅造成 K12 线在早高峰无法正常运营，也使 Z 社区私家车大规模拥堵，社区周边的交通陷入瘫痪。

Z 社区居民的不满情绪也给 C 市公交"二网融合"理念带来了挑战。为解决 Z 社区居民的出行问题，C 市公交集团派遣线网部领导、线路运营负责人前往 Z 社区向居民做解释工作，并承诺：结合市民建议以及路网实际，拟对 30 路等公交线路进行重新优化，同时重新规划地铁接驳线路。

然而，公交线路的优化调整并非一蹴而就。线路的频繁调整不仅会导致公交司机不适应，也会导致乘客乘车出行的困难。在作出承诺之后，C 市公交集团面临对原有线路优化措施修正的压力。最初，C 市公交集团采用了微调的方案，对 30 路公交车下行线路进行调整，增加中海国际站，方便 Z 社区居民直接选择 30 路公交进城。由于蜀西路施工、汇川街道路狭窄等原因，Z 社区居民对于此次公交线路微调仍不满意。C 市公交集团不得不对 Z 社区的公交线路进行重新规划和调整以适应市民出行需求。

（四）网络媒体的"求助"报道

2020 年 12 月 25 日，封面新闻、红星新闻等多家媒体记者来到 Z 社区，对 Z 社区居民出行难的问题进行现场考察。"义愤填膺"的社区居民通过网络媒体表达自己的诉求，要求 C 市公交集团尽快完成 Z 社区的线网重新规划。在互联网的催化下，Z 社区公交线网风波被推上风口浪尖。

四、动态调整，合理规划

（一）实事求是的线路调整

在Z社区的公交优化风波被媒体曝光之后，C市公交集团对Z社区的公交重构有了实质性的进展。考虑到在"二网融合"的过程中，公交和地铁在运输速度、范围、能力等方面仍存在差异，C市公交集团对第一次线网优化方案进行局部修正。为方便Z社区居民接驳地铁，照顾Z社区居民出行习惯，新版的优化方案恢复了30路原走向，将高新西区公交站至西御街线路更名为30A路。同时，C市公交集团加快K12线周转效率，减少线网空白。将原金科路走向调整至一品天下大街，方便Z社区居民前往地铁一品天下站，换乘地铁2号线和7号线。在进行充分的调研论证后，开通地铁接驳公交224路由中海国际站始发至成都西站，方便Z社区西部居民快速接驳地铁4号线、地铁9号线以及有轨电车蓉2号线。

在Z社区第一次公交线网调整方案中，对毗邻该社区的金粮路片区公交也进行了优化。C市公交集团在对K12线调整之后，同步开通K12A线由金粮路公交站至成都东客站（东广场）以及206路由金粮路公交站至成都西站。由于206路、224路与K12A线存在线路重合，再加上206路和224路比K12A线里程短、周转能力强，这便导致K12A线成为居民口中的"废线"。

2021年初，C市公交集团权衡利弊，选择暂停K12A线。将K12A线运力投放至K12线，并同步延长K12线运营时间，缩短K12线发车间隔。同时，对金粮路干线206路加密班次，方便金粮片区、蜀西片区居民前往成都西站接驳地铁。动态调整的公线网布局使"二网融合"理念落到实处。此举既合理利用了常规公交资源、减少了浪费和亏损，也为居民提供了"公交＋地铁"出行的更多点位选择。

（二）"二网融合"的真实归位

纵观Z社区的"二网融合"优化过程，经历了由大刀阔斧的"缩、拆、改"到实事求是的动态调整模式。从单一的线路调整到多元化的线路优化整合,其中既有Z社区居民为了争取自己出行权利付出的努力,也有C市公交集团对"二网融合"的思考与创新。Z社区居民也不断借助网络问政平台以及C市公交集团"乘客参与"板块,对Z社区公交的持续优化提出建议。

2022年5月10日,C市公交集团第三次调整中海片区公交线网。一是将224路更名为403路,调整为工作日高峰线路,方便Z社区上班族快速通勤。二是将262路始发站由金沙公交站迁移至中海国际站,进一步增加Z社区西部公交线网覆盖范围。三是织密Z社区内公交站点位,减少老年群体步行时间,解决高峰期间公交车辆增加导致的道路交通拥堵问题。

综上所述,在"二网融合"的政策背景下,C市公交集团对Z社区的公交线网进行了大幅度的优化。每条途经Z社区的公交线路都进行了调整。在公交干线调整方面,延长K12线、新增262路、调整30路为两线运营模式(如表3.1所示);在地铁接驳线方面,优化403路为高峰线路对接地铁成都西站,调整235路对接地铁侯家桥站,开通206路对接地铁成都西站,新辟311路高峰区间车对接地铁百草路站。至此,Z社区形成了相对完善的"二网融合"出行模式。

表3.1   Z社区公交优化情况

	暂停线路	新增线路	调整线路
初始政策	342	K12,K12A,224,206	30
第一次优化		30A	30,K12
第二次优化	K12A		
第三次优化		262	403(原224)

五、回看Z社区:堵路事件为何发生?

在Z社区堵路事件发生后,C市公交集团选择了谨慎的态度对待线网优化方案。对比"二网融合"中其他社区对公交线路优化方案的反馈,都不及 Z 社区的反应激烈。尤其是居民利用网络媒体的"求助"的报道，最终迫使 C 市公交集团加快调整步伐。回看"二网融合"政策在 Z 社区的失灵，恰恰是与 C 市公交集团初期对"二网融合"的粗放操作与民众对公交出行的刚需产生的矛盾所致。

（一）未重视接驳需求的回应盲区

Z 社区紧靠蜀西路，是沟通郫都区与主城区的"桥梁社区"。2012 年 6 月，C 市地铁 2 号线开通，Z 社区居民迎来了地铁时代。Z 社区居民可乘坐 30 路至地铁蜀汉路东站换乘地铁 2 号线进城。2017 年地铁 7 号线开通，一品天下站成为换乘车站，Z 社区居民可乘坐 342 路至地铁一品天下站换乘地铁出行。

与其他公交线网优化的区域有所不同，Z 社区的公交布局在第一次优化前已经初具"二网融合"的特征。C 市地铁建设步伐的推进，已经使 Z 社区居民享受到"公交＋地铁"出行的红利。30 路、342 路都可以"一站式"接驳地铁线路。但 Z 社区方圆 1 千米内的地铁建设仍处于规划状态，还没有落地实施。没有地铁的直接覆盖使 Z 社区居民对于公交的依赖程度大大增加，这也是首次"二网融合"线网方案未能让居民满意的根源。

"二网融合"政策推动的目的是方便市民出行，避免公共交通资源的浪费。但是在 C 市公交集团的首次线网优化中，不但没有方便市民出行，反而增加了市民出行的时间成本。政策执行的目的和效果带来了强烈"落差感"。这种"落差感"不仅来自优化方案的短促和不合理，更是对 C 市公交集团"二网融合"粗放型实施的不满。

（二）未考虑线网不均的应对失误

Z 社区始建于 2004 年，坐落于 C 市高新西区，拥有居民超 50000 人。庞大的出行群体与线网的分布不均掣肘着 Z 社区的公交优化进程。从空间布局上看，Z 社区公交线网覆盖度自西向东逐步增加。为方便 Z 社区居民出行，C 市公交集团在中海购物公园旁建设了一座公交场站，是 30 路、342 路的调停点。Z 社区的面积较大，楼盘布局相对均匀。Z 社区东部的居民相较于西部居民选择公交车出行更容易一些。

30 路公交撤出中海国际公交场站后，对于 Z 社区西部的居民更加不利。家住 Z 社区橙郡三期的居民表示："以前步行 10 分钟可到公交场站，坐上车还能休息一下。现在要步行 15 分钟，不仅上车没有座位，而且下班后还不容易在公交站找到共享单车"。C 市公交集团第一次公交线网的调整不仅没有优化原有的线网布局，反而导致公交线网的分布更加不均衡。

（三）加剧拥堵的政策意外后果

Z 社区的道路相对狭窄，在高峰时期经常会出现交通拥堵问题。公交车车身长，转弯难度大，让本不宽敞的道路显得更加局促。一些私家车主希望通过合理的公交线网优化，减少拥堵问题。C 市公交集团对此进行了回应：利用 30 路撤出 Z 社区、342 路停运来疏解道路交通拥堵问题。但是 K12 线的进驻改变了疏堵的初衷。

30 路、342 路公交车多为 12 米单机客车，部分 30 路还配备了 10 米纯电动客车。而 K12 线配备的 18 米铰接车相较于单机车更容易导致拥堵。同时，中海国际公交场站面积狭小，不利于 K12 线的调停。以同在社区内发车的快速公交 K19 线为例，在节假日前的晚高峰，经常会看见成队的 K19 线堵在洪河公交场站入口。公交车辆进场、出站的难题时有发生。随着 K12 线延伸至中海国际站后，汇川街面临的交通压力进一步增大。

公交车本是集约出行、疏解道路交通拥堵的工具。在 C 市公交集团第一次线网优化调整之后，却被私家车称作"移动的路障"。面对调整后出现的拥堵现象，私家车主当然不愿为其"买单"。

（四）无法平衡的老年出行权益

在出行方式多元化的今天，越来越多的年轻人放弃了公交出行，老年人逐渐成为公交出行的主力。目前，C 市年满 65 周岁的老年人可在天府通网点申办老年卡，每个月享有 100 次乘车次数（1200 次/年）。

在老龄化日益加剧的今天，保障老年人的各项权益已是社会共识。在 Z 社区"二网融合"的线路调整方案中，"步行 + 换乘"的方式最不能被老年人接受。在公共交通出行方式选择上，老年人对公交的依赖性远远大于地铁。一方面，地铁站往往建在地下或者高架上，老年人需要乘坐电梯到达。一些老年人对于电梯的使用并不熟悉，大大增加了老年人乘坐地铁的安全隐患。另一方面，公交相比于地铁的出行优惠力度更大。乘坐公交车出行扣除 2 次乘车次数，而乘坐地铁需要扣除 3 次，而且在高峰期乘坐地铁仅能使用电子钱包。因此，老年群体更青睐于安全、便宜、便捷的公交出行方式。

由于老年卡的乘车次数不能顺延，一些老年人认为：不方便的公交出行会影响正常使用公交卡次数的频率，造成浪费。还有一些老年人认为：频繁换乘公交，会使本月的次数不够使用，影响正常出行。

六、线网优化背后的"难题"

（一）暗流涌动，层层博弈

在线网调整通知发布后，贴吧、自媒体纷纷打出"感情牌"，追忆 342 路陪伴着 Z 社区居民从入住至调整的点点滴滴。媒体的推波助澜使 C 市公交集团陷入政策执行过程中的被动方。

Z 社区居民的诉求主要有：恢复 30 路从中海国际站始发，"一站式"对接地铁一品天下站。成都公交集团在实地调研中权衡利弊：若 342 路恢复，就要对其他线路再次进行调整。与其恢复 342 路，不如对延伸后的 K12 线再次进行优化。但 K12 线的调整以及 30 路的复运都未在 C 市公交集团的官网发布通告。

值得一提的是，在对待 30 路的问题上，在围堵发生之前，Z 社区居民利用网络问政以及公交客服热线等方式表达自己的诉求。C 市公交集团考量将 30 路走向进行调整，30 路从高新西区公交站发出后，先驶入 Z 社区，再行至蜀西路。但是，Z 社区的居民对此并不认同。

围堵发生后，C 市公交集团利用开通 A 线的方式，解决了蜀西路以及 Z 社区出行的两难问题，为日后的线网优化调整提供了借鉴。但是，30 路两线并行后，却经常造成30路和30A路车辆周转困难的现象。Z社区的居民认为，C市公交集团此举是在浪费资源，应该将运力全部整合至30路。而C市公交集团认为，高新西区公交站周围仍有客流需求，因此不能取消30A路。时至今日，对于30A路是否应该保留仍旧存在争议。

（二）"二网融合"：机遇还是挑战

"二网融合"政策的目的是在轨道交通成网之后，整合公交与地铁两大公共交通资源，引导私家车出行群体转向选择公共交通出行。在地铁成网之前，公交与地铁仍旧面临着矛盾的关系，"二网融合"的推进仍旧存在困难。

在一些客流量大的公交线路中，往往与地铁线路存在重复。对于一些低收入群体而言，公交凭借其低廉的票价仍然能在与地铁的竞争中保持优势。盲目地暂停公交线路会导致低收入群体放弃公共交通出行，无法实现"二网融合"的政策初衷。以36路为例，十里店公交站至火车北站区间与地铁7号线重复，九里堤公交站至青杠一队区间与地铁6号线重复。C市公交集团为了避免两网竞争，将36路东段取消，西段优化线路，降低与地铁的重合度。而36路取消的区间恰恰是客流集中区域。在优化后，36路的客流量逐步下降，最终导致36路的暂停。

"二网融合"也给C市公交集团带来了机遇。在一些客流断面明显的线路中，利用工作日早晚高峰期开通区间车对接地铁站。对一些客流不佳的微循环线路，根据地铁站的区位布局，整合成公交支线。针对一些公交覆盖率较低的地铁站，修建公交微枢纽，将车辆集中整合到微枢纽站。这既方便了乘客的换乘接驳，也方便了车辆的管理。还有一些线路针对地铁的运营时间，将收车时间延长，方便乘客的夜间出行。值得一提的便是天府国际机场的夜间专线，由天府国际机场始发，终点到春熙路，补充了地铁18号线夜间不运营的"空窗期"，大大地方便了选择夜间航班来蓉的旅客。在高新南区，星辰巴士公司创造性开通优享网约公交，乘客利用微信小程序，实现"一站式"叫车服务和直通地铁站，达到公交、地铁无缝接驳的"融合"效果。

七、各方聚集　共优线网

（一）Z社区居民：察民所需，解民所忧

在C市公交集团完成对Z社区公交线网的第二次布局后，居民一改往日愁容，对优化方案表示基本满意。Z社区居民张阿姨说："在K12线优化后，进城的时间缩短了，也方便我们换乘二环快速公交系统，与342路相比，K12线还是要快一些"。

随着社会经济的发展，减少出行时间、加快通勤速度成为民众出行的主要需求。一些年轻的受访者表示："公交的重新规划也方便了与地铁的接驳，Z社区周边的地铁站均有公交覆盖，减少了原来的步行时间。"也有一些市民提出更具反思性的建议：希望C市公交集团在线网优化之前多听取民意，不要"拍脑袋"式地自作主张。只有做到人民满意，才能发挥公交企业的社会效益。

（二）专家学者：查漏补缺，深度优化

在Z社区围堵事件发生后，一些从事公共管理研究的学者认为，推进新时代公共服务均等化是适应高质量发展和社会主义现代化国家建设的要求。Z社区围堵事件的爆发，是公共交通服务的不均衡性供给引起的。公共交通服务不应该是"按下葫芦浮起瓢"，而应该"查漏补缺，全面覆盖"。

城市公共交通研究学者也指出，公交地铁的融合不仅仅是形式上的整合，更应是实质性的整合。例如，《C市轨道交通与常规公交发展现状及协调研究》一文指出：C市的"二网融合"还存在着运营管理分离、换乘衔接不顺畅等问题，亟待优化调整。

（三）C市公交集团：吸取教训，科学规划

在"二网融合"政策推动初期，C市公交集团坚持"强饲喂，重接

驳"的方针,对诸多公交线路进行了调整。在 Z 社区居民多次表达诉求后,公交集团吸取教训,科学优化公交线网。

首先,公交集团对于公交线网的优化方式有了量化指标,与地铁重复 6 站以上的公交线路进行降重优化,对于超过 20 千米的线路进行缩短。其次,根据客流安排与实际情况,开通地铁接驳线路,切实解决市民出行"最后一公里"问题。再次,将一些社区公交和地铁接驳线路整合成线路支线,方便公交车辆资源的整合,减少浪费。最后,在远郊区域开通长距离干线,连通末端轨道站点,从时间上缩短远郊区到市区的距离。

(四)地铁集团:轨道引领,快速出行

自 2010 年 C 市地铁 1 号线开通以来,越来越多的市民选择乘坐地铁出行。截止到 2022 年 7 月,成都地铁单日客流量最高达到 772 万人次。现代化、快速化的公共交通工具已经改变了人们的生活方式,也加快了 C 市的发展进程。

C 市地铁坚持"轨道引领,快速出行"的方针,开通了 10 号线、17 号线、18 号线三条快速线路,并且在 18 号线创造性地开通大站快线,使市民通勤时间进一步缩短。到 2024 年,C 市还将继续开通 13 号线、19 号线等五条线路,实现轨道交通在城市的全方位覆盖。未来,C 市地铁 9 号线、12 号线也将覆盖 Z 社区。届时,Z 社区居民可直接享受快速便利的地铁出行。

(五)政府部门:服务城市,利益共享

2020 年,C 市拥有公共营运汽车 14542 辆、17835 标台。全市公交线长度 17350 千米,全年公交运输总量达到 109862 万人次。2020 年末运营线路 1171 条,地铁线网达 558 千米,客运总量达 121962 万人次。面对庞大的公交体系,C 市交通运输局成立公交管理处和轨道交通处,统筹规划 C 市公共交通运输网络,方便民众快速出行。

在 Z 社区居民多次表达诉求后,C 市交通局等有关部门作出回应,对

不合理的线网调整方案进行修正。为了避免类似的情况再次发生，C市交通局组织编制了《C市中心城区常规公交发展规划及2021—2023年三年行动计划》，打造集"快速通勤网＋美好出行网＋社区生活网"于一体的公交网络。

2022年4月，C市国资委出台《C市公交集团有限责任公司聚力推进轨道公交"二网融合"，打造"全龄友好、幸福出行"服务品牌》。结合运营实际，对170余条公交线路进行深度优化。7月，C市政府出台《C市优化交通运输结构促进城市绿色低碳发展行动方案》和《C市优化交通运输结构促进城市绿色低碳发展政策措施》。将每月5日定为低碳出行日，乘坐中心城区"12＋2"区域常规公交免费，地铁享受8折优惠。预计到2025年，C市将实现公共交通出行分担率达到60%，中心城区绿色出行比率达70%。

八、结语

Z社区发生的围堵只是"二网融合"实施过程中的矛盾缩影。其起因源于不合理的线路优化方案，最终在各方的关注和参与下得到妥善解决。Z社区的公交优化方案更加动态灵活，居民参与公交治理的程度越来越高，这也给我们带来了一些值得思考的问题。

思考题

1. "二网融合"政策在Z社区为何会"失灵"？

2. 在Z社区线网的屡次调整中，各主体之间是如何进行整合与互适的？

3. 面对群众出行目标与政府目标的冲突，政府是如何处理的？在此过程，各主体参与的力量是如何变化的？

4. 本案例中，政府对于政策制定面临什么问题？如何优化和改进？

5. 在轨道交通飞速发展的今天，各主体如何融入"二网融合"？

参考资料

［1］丁元竹. 实现基本公共服务均等化的实践和理论创新［J］. 人民论坛·学术前沿，2022（5）：4 - 13.

［2］王兵，刘宇，陈钉均，张江山，周凤杰. 成都市轨道交通与常规公交发展现状及协调研究［J］. 交通运输工程与信息学报，2018（4）：124 - 129.

第二部分　案例使用说明

一、课前准备

（1）课前提前一周将案例正文发放给学生，要求熟悉相关内容；

（2）将思考题布置给学生，将学生分成四个小组，每个小组负责一道思考题，课前进行讨论，收集相关资料，做好课上分组讨论的准备。

二、适用对象

本案例适用于公共管理硕士（MPA）《公共危机与应急管理》《交通与政策前沿》课程的学习和公共事业管理本科《公共政策分析》等课程的学习。

三、教学目标

本案例以 C 市 Z 社区为例，深入探讨"二网融合"政策在推行过程中出现的问题。分析 Z 社区围堵事件前后，"二网融合"政策的互适与整合过程。通过对本案例的学习和分析，使学生了解交通公共政策在演变的过程中，如何划分政策层次，如何解决政策矛盾。同时，深入了解政策整合与政策互适两大理论概念，并对政策整合互适中乘客、政府、公交集团、轨道集团等多个主体所扮演的角色及其利益诉求有所了解。进而，为未来"二网融合"政策的完善提供借鉴。本案例旨在培养学生运用理论思考和解决实际问题的能力，提升学生综合治理实践化的意识。

四、教学内容及要点分析

（一）案例涉及的理论与要点

1. "二网融合"

"二网融合"理论的提出起源于大规模的轨道建设浪潮，1863 年 1 月世界第一条地铁线路——伦敦大都会地铁开通，掀起了公共交通运输方式的变革浪潮。随着工业革命的深入，英、法、德、美、俄等国相继开通地铁线路，以解决城市化带来的通勤问题。在战争时期，地铁站点还发挥了防御、保障战时安全的作用。

第二次世界大战结束后，伴随着世界经济的趋稳和发展，各个发达国家开始进行大规模的地铁建设。但是对于轨道交通与常规公交接驳问题的研究具有一定的滞后性。直到 20 世纪 80 年代，一些学者设计出换乘时间系统指南，为以数理化手段进行轨道交通以及常规公交的拟合开辟了先河。到了 21 世纪，随着电子计算机以及地理空间系统在城市公共交通的广泛应用，"二网融合"在城市公共交通治理层面也更加细致化和微观化，区域内接驳公交的线路优化问题成为研究的一大方向。

在我国，"二网融合"兴起于 20 世纪末。1997 年，上海市出现了高架快速道路严重拥堵的现象。为此，上海市政府出台了《上海市城市交通白皮书》，提出要通过便捷的客运枢纽以及紧凑的站台设置为乘客创造方便的换乘条件。我国学者以交通衔接的系统条件为依据探讨了轨道交通与常规公交的衔接关系。通过数据计算分析并推导出了从城市其他交通方式换乘轨道交通时在其车站的换乘时间计算公式，为进一步优化轨道交通提出方案。2010 年后，全国的轨道交通建设速度明显加快，极大地影响了城市常规公交的组织规则，公交优化调整渐以"轨道为主、公交为辅"的原则进行。越来越多的城市在完成轨道交通建设后，坚持这一原则进行公交线网优化调整。C 市提出的"二网融合"也正是"轨道为主、公交为辅"的具体表现。

2. 政策层次与政策冲突

从政策层次上看，公共政策可以分为元政策、基本政策和具体政策。在我国，政策的层次划分与现有的行政体制密不可分，呈现纵向相关关系。以政府等为代表的公共权力机关与公共政策制定联系最为密切。换言之，每一个公共政策的提出都体现着政府的意志。在具体的公共政策制定和执行过程中，执行主体的层次并不局限于狭义的政府，也包括非营利组织、个人等。

在"二网融合"政策的制定和执行过程中，存在非常明显的政策层次性。从元政策的角度上看，"坚持公交优先，发展公共交通"是中央政府发展城市公共交通的意志体现，各地方政府都在围绕发展城市公共交通出台相关政策。为了激励各地的基本政策出台，国家层面也制定了建设公交都市的评估方案。从基本政策的角度上看，C 市政府制定了"二网融合"的公共交通政策，作为对优先发展公共交通的政策回应。从具体政策的角度看，C 市公交集团进行的大规模公交线网优化调整方案，就是对"二网融合"政策的细化和落实。

政策的多层次性必然导致各层级间的冲突。事实上，政策冲突源自宏观政策不清晰、下级对上级政策的理解不透彻、不同部门之间存在利益冲突等因素。政策冲突的根源是政府组织的碎片化现象，出现上下级部门之间的信息不对称情况，导致下级部门对上级部门政策执行的偏差。

在本案例中，C 市政府以"二网融合"的设计思路回应发展城市公共交通的顶层设计，而 C 市公交集团则以线网优化对"二网融合"实施更具体的操作。较之于顶层设计和政策倡导，具体的线网优化一旦不能满足居民需求，就容易引发冲突。虽然三级部门在政策制定的过程中恪守政策层次的路径，但是碎片化的组织架构使得宏大的政策目标掩盖了微观的政策效果，进而导致政策矛盾的出现。另外，组织的碎片化现象还会造成处理公共问题时所需的法定权威、制度权限和资源配置被强行分割，导致公共决策场景下无法统筹考虑各要素的统一。例如，在推进"二网融合"中，C市公交集团的线网优化并没有在地铁开通之前综合考量，而是临时生成的"一次性政策"，造成调整后的公交线路反而给市民造成了不便。在此过程中，公交集团只将"二网融合"视为政策需要，没有在地铁开通之后认真思考"地铁＋公交"的新发展机遇。

3. 政策整合

随着社会经济的不断发展，一些公共政策已经不能适应社会发展的实际需求，由此进入政策清理的阶段。政策清理是对政策"病体"部分的切除，目的是正本清源。政策整合是政策清理的延续，是对新政策的合理完善。"二网融合"正是对大公共交通主体竞争发展政策"清理"后的一种政策延续。其目的在于化竞争为合作，建成高质量、集约化的城市公共交通系统。

但政策整合也面临诸多问题：一是政策网络与法律的整合。"二网融合"政策的提出对于城市公共交通发展具有积极作用，但尚无明确的法律法规为"二网融合"提供专门指导。目前我国出台的《城市公共交通发展条例》仍处在草案阶段，无法对"二网融合"中具体的公交线网调整方案进行详细规定。这就导致C市公交集团只能在"二网融合"的倡导下边试边改，公交线网优化方案不可避免地存在阶段性的缺陷。

二是政策网络的区域整合。"二网融合"是对C市全域公共交通资源进行整合。从宏观上看，"二网融合"政策的目的是使各个县市区都能享受到便捷、快速的公共交通出行。但在实际执行中存在空间差异。一方面，"二网融合"不能在每一个区域单元做到一以贯之。在老城区和开发区，公交线路优化的比重较高；而在郊区，公交线路优化的比重较低。另一方面，在地铁成网区域，公交优化的方式多为缩短或者撤销，而在地铁线网末端多为开辟新线路。

三是政策网络的职能整合。目前C市公共交通供给方两大主体仍旧是 C 市公交集团与 C 市轨道集团。这两大主体承担的责任有明显区别，这就导致"二网融合"存在"形融实不融"的问题。一方面，C 市公交集团对于线网的优化和调整存在被动性。因为，轨道交通对于常规公交带来的客流冲击很难在轨交开通前预测，这导致公交集团只能被地铁线路"牵着鼻子走"。另一方面，C 市轨道集团在设站的过程中，对经济效益的考量远远大于对公交线网布局关注。现阶段，C 市轨道集团也面临严重亏损。C 市与公交集团不同，轨道交通几乎不可能停开站点和拆并线路，而只能从线路之外"创收"。例如，C 市轨道集团就选择以公共交通为导向的综合开发（TOD）来解决问题。于是，两大主体面对公共交通线网优化存在的层次偏差无法避免，应该由政府出台相关政策或成立相关部门来解决。

4. 政策互适

政策互适模型是政策执行模型的组成部分。政策互适模型是由美国学者米尔布里·麦克拉夫林（Mibrey Mclaughlin）开发，在针对公共政策制定中的政策分析过程中应用较为广泛。该理论认为，政策执行的过程主要是由政策执行者与政策在执行后的接受者之间，就政策执行的目标或政策应用的手段进行相互调适的互动过程。对于政策执行的有效程度的衡量取决于政策的互适程度。

在本案例中，"二网融合"政策推进的有效性与居民对于政策的接受程度有必然关系。在粗放型调整公交线网的过程中，Z 社区居民采用围堵方式表达对公交调整政策的不满。随即，C 市公交集团调整了"二网融合"政策的执行方式，积极听取 Z 社区居民意见，继续优化 Z 社区周边公交线路。同时，在第二次线路优化之后，群众对于公交线网的优化通过网络理政平台，用合理合法的手段表达自己的诉求。

政策互适是一个长期的、双向互动的过程。这既需要政策的执行者考虑政策接受者的接纳程度，也需要政策接受者对政策的接纳程度进行积极反馈。"二网融合"政策已成为 C 市城市公共交通战略，未来在多方互动的过程中，可以充分利用社交媒体和网络问政的方式，提升政策互适的效率。

（二）案例思考题分析要点

1. "二网融合"在中海社区为何会"失灵"？

（1）从政策本身上来看，"二网融合"尚处于探索阶段，仍有发展完善的空间。Z社区公交线路调整是C市"二网融合"的首批"试验田"。政策在制定和执行中存在一定的粗放性。例如，一些线路的优化和调整盲目接驳地铁，呈现出地铁强度大于常规公交的特征，导致"二网融合"变成"一网独大"。

（2）从Z社区的地理位置上看，"二网融合"不能简单套用在没有地铁通达的地点。该社区位于C市高新西区，距离市中心约7千米。2020年，C市地铁"五线齐发"之后，Z社区仍旧没有地铁覆盖。其中，最近的地铁站距离Z社区直线距离大于1千米。这决定了常规公交是Z社区居民出行的首选方式。盲目将公交车撤出Z社区，忽视了公众出行的需求，最终导致政策的失灵。

（3）从群体诉求来看，"二网融合"将受众群体进行单一化考量，存在不妥之处。首先，Z社区的老年群体偏多，对于常规公交的依赖程度很深，他们不愿意改变公交出行的方式。其次，公交老年卡全天候都能正常使用，而C市地铁仅允许老年卡在非高峰期使用，且扣除次数也比常规公交多两次。习惯节省的老年群体对此也很难接受。最后，地铁车站多地下站和高架站，对于行动不便的老年人而言，地铁出行仍旧存在诸多的隐形障碍。

（4）从公交线网优化来看，微观政策的粘连性也导致了Z社区公交优化调整的失灵。在公交线路的优化调整中，对于某处公交站点的优化会导致整条线路覆盖的区域都受到影响，政策的粘连性在"二网融合"的过程中很难从根本上消除。在这种情况下，就容易出现一些站点在公交优化调整之后出行更加便利，而另一些公交站点即使没有优化也会受到公交优化之后产生的影响，出现出行不便的现象。以Z社区为例，当快速公交K12线延伸至中海国际站点时，对于需要换乘快速公交系统的乘客更加便捷，而对于前往东郊记忆片区的乘客而言却是增加了出行时间。

2. 在 Z 社区线网的屡次调整中，各主体之间是如何进行整合与互适的？

首先，要厘清本案例中几个主要参与的主体：Z 社区的居民、C 市公交集团、C 市轨道集团以及 C 市交通主管部门。其次，要厘清本案例中主体之间存在的整合和互适关系：C 市政府与 C 市公交集团和 C 市轨道集团、C 市公交集团与 C 市轨道集团、Z 社区居民与 C 市交通主管部门、Z 社区居民与 C 市公交集团。最后，要分析这些主体是如何进行政策整合与互适的。政策整合与互适在各主体间的关系如下：

（1）C 市政府与 C 市公交集团、C 市轨道集团。作为宏观政策的"二网融合"，其制定主体是 C 市政府。C 市公交集团和 C 市轨道集团在"二网融合"宏观政策的指导之下，进行微观政策的制定。例如，C 市公交集团对诸多公交线路进行优化和调整的方案，C 市轨道集团进行以公共交通为导向的综合开发（TOD）等。

（2）C 市公交集团与 C 市轨道集团。两大公共交通服务提供主体之间也存在着政策的互适与整合。在地铁开通之后，C 市公交集团将一些公交站名更改为地铁站名，在轨道站点盲区开通地铁接驳线路，并创造性地进行公交微枢纽的建设。而 C 市轨道集团则张贴了周边公交线路换乘信息，并且在某些地铁站为公交司机提供休息的房间。

（3）Z 社区居民与 C 市交通主管部门。本案例体现了 Z 社区居民的出行需求与市政府制定的"二网融合"政策之间的矛盾。"二网融合"政策为公交线网优化提供了指导，当优化结果与居民需求产生冲突时，就会导致政策失败。为了解决矛盾，C 市交通主管部门通过记者调查、网络问政回复等方式，为 Z 社区居民解决出行问题。

（4）Z 社区居民与 C 市公交集团。Z 社区居民的出行不便是由 C 市公交集团的线网优化不恰当所导致。在政府、媒体等有关方面介入之后，Z 社区居民积极向 C 市公交集团表达自身出行需求。在中海片区后期的线网优化调整过程中，C 市公交集团主动听取建议，结合"二网融合"宏观政策审慎进行线网优化，最终使线网的优化更加合理、恰当。

3. 面对群众出行目标与政府目标的冲突，各主体参与的力量是如何变化的？

从矛盾的出现到最终解决，各主体的力量此消彼长。在线网优化之前，Z 社区居民并不知晓线网优化调整的内容，而线网调整的内容是按照交通主管部门"二网融合"宏观政策来制定的。显然，在此阶段，C 市交通管理部门的力量最强，C 市公交集团次之，Z 社区居民最弱。

在具体的线网调整过程中，C 市公交集团选择一味地接驳地铁线路，暂停或缩短骨干线路来配合 C 市地铁"五线齐发"。在此过程中，C 市公交集团的力量仍旧小于 C 市轨道集团。当线网优化方案实施后，对 Z 社区居民出行造成了严重不便。对于居民出行而言，C 市公交集团的力量要大于 Z 社区居民。

随着问题的发酵，当 Z 社区居民集中反映诉求时，Z 社区居民的力量占据了主导地位。随着 C 市交通管理部门以及 C 市公交集团的积极回应，各主体的力量逐步趋于一种动态平衡。

4. 本案例中，政府对于政策制定面临什么问题？如何优化和改进？

第一，线网优化中"大场域"与"小场域"之间的矛盾。公交线网的优化调整往往从大场域正义出发，忽视小场域正义。具体来看，对某公交站点的线路优化会对同线路的其他站点产生影响。在 Z 社区线网优化调整方案中，线网的优化调整对于一部分市民而言是有利的。但是对于 Z 社区居民而言是不利的，这种空间正义的不平衡性导致了矛盾的产生，且不易调和。从另一个方面来讲，在一个小场域中，不同的群体也有不同的出行需求以及不同的出行方式，对于交通习惯的变革容易造成一些群体的反感和排斥。

第二，传统交通与现代交通发展之间的矛盾。"二网融合"政策既服务现代交通体系的构建，也满足城市经济发展需要，是 C 市探索轨道交通带动城市化进程的一种新型尝试。相较于轨道交通，常规公交作为传统的公共交通形式之一，在速度、舒适度等方面略显逊色。随着市民生活质量逐步提升，通过公共交通综合规划压缩、整合常规公交，并大力发展轨道交通，似乎已成为经济社会发展的必然。

第三，事前决策与事后决策之间的矛盾。常规公交优化方案是在轨道交通开通之后制定的，并没有参考轨道交通开通之后的客流量进行调整。这种事前决策带有很强的偏差性，不能科学合理地反映出真实的客流情况。如果进行事后决策，对于轨道交通开通之后的客流量观测需要很长的过程。一旦预测客流量较少，符合线路缩短或撤销的要求，那么在客流观测期间的沉没成本依然由 C 市公交集团负担。这种"费力不讨好"的事后决策对于 C 市公交集团而言显然要比事前决策的成本负担重。

上述三个问题并非无解，而是需要做好调研规划并及时应对新问题：

第一，针对线网优化时的空间场域问题，可以积极探索多元化公交运营方案。通过区间车、支线车、专线车、大站快车等多种线网运营方式满足线网调整后各站点的出行需求。同时，在线网优化过程中，积极照顾优化区域乘客的出行需求，避免强制性改变出行习惯造成的客流流失。

第二，针对传统交通与现代交通发展之间的矛盾，可以衡量两种交通方式的利弊。从公交与地铁两个方面，进行线网的优化与整合。针对不同的轨道交通线网和轨道交通站点，衡量出每条线路和每个站点对于周边区域的辐射程度，测算出对于常规公交的影响。在常规公交优化调整之前，可以对部分车次进行预调整，预判客流变化，为进行正式调整提供依据。

第三，针对事前决策与事后决策之间的矛盾，可以将公共交通治理与社区治理相结合。例如，通过了解居民出行需求减少线网优化矛盾。在常规公交线网调整的过程中，以每个街道为单位，详细了解每个社区的出行需求。公交集团根据不同社区的不同情况作出平衡考量之后，再进行线网调整。同时，在线网调整之前可以利用公交集团官网、微博、微信公众号等平台鼓励群众积极参与线网优化方案制订，让群众选择自己想要的出行方式。如果面临需求无法平衡或调和的状况，可暂缓线路调整，搁置争议。另外，可探索与社区对接，针对不同客流需求开通网约公交或定制公交。

5. 在轨道交通飞速发展的今天，各主体如何融入"二网融合"？

第一，对交通部门而言，要明确"二网融合"的内涵以及意义，对公交集团和地铁集团进行指导。出台公交线网优化和审批流程，尤其是针对客流量较大线路的调整，应采取谨慎态度。利用大数据监测平台，对常规公交线网的运行状态定期进行评估。筛选指标不合理的公交线路，后期可作为线路优化的依据。

第二，对市民而言，要积极响应政府号召，选择轨道交通、常规公交、快速公交等公共交通方式绿色低碳出行。在线网优化政策进行公示时，积极参与政策调整，利用网络理政平台及时反馈出行需求。避免应激化诉求反映形式，应在法律法规以及政策允许的范围之内进行合理的诉求表达。

第三，对公交集团而言，要明确自身的发展定位。一是要正确看待轨道交通在公共交通体系中的作用。轨道交通与常规公交存在竞争与合作的关系，公交集团要辩证看待常规公交的优势和劣势，做到扬长避短。二是要看到公交干线与轨道交通存在着互补关系。例如，常规公交的建设成本和使用成本要远远低于轨道交通，而轨道交通的速度、舒适性则要强于常规交通。两者之间既存在差异，也容易形成配合。在对干线进行优化调整中，要将被动式需求响应转化成主动式需求响应，干线优化调整之前积极对接市民的出行需求。三是增加运力、提高运速。通过市民对于常规公交出行进行的评价发现，运行时间过长是最大的弊端。以C市为例，市中心区有1000多千米的公交专用道，普通小汽车限速60千米/小时，公交车限速40千米/小时，公交专用道的作用无法发挥出来。而在城郊地区，以蜀源大道为例，小汽车限速80千米/小时，公交车限速50千米/小时，公交车的运转效率低下，也不利于公交出行效率的提高。四是加强轨道交通接驳，发展响应式社区公交。在C市的诸多地铁站附近积聚着"火三轮"，这种既不安全性价比又低的出行方式之所以被乘客青睐，是因为它能够在乘客离开地铁站后迅速响应。而常规的社区公交或者地铁接驳线路间隔多在7~15分钟，对于在地铁站周围1.3千米之内的社区而言，公交等候的时间比步行至社区时间还要长，这就丧失了公交接驳轨道交通线路的价值。

第四，对地铁集团而言，要在进行线网规划时审慎考虑站点的设置，尽可能将地铁出入口覆盖至小区周围，方便乘客"一站式"选择地铁出行。对于待建设和开发区域覆盖的轨道交通，积极发展 TOD 产业，引导轨道交通重塑城市形态。积极建设全域轨道交通出行方式，积极与市（域）郊铁路进行接驳，扩大轨道交通覆盖范围，实现多样化轨道交通出行场域构建。

五、教学安排

本案例可以作为专门的案例讨论课来进行。按照时间进度，建议课堂计划做如下安排：

1. 案例背景及内容的课堂介绍（15 分钟）

介绍本案例，重点说明在案例中各阶段的情况、各主体关系；明确教学目的、讨论主题以及课堂计划和时间安排。

2. 第一阶段课堂讨论（40 分钟）

按照 5 道思考题的顺序要求，把课堂讨论过程分为 5 个小节，每小节 9 分钟，依次在 PPT 上列示讨论的问题，由各小组派 1 名同学进行陈述，其他同学补充。

3. 启发点评（15 分钟）

进行思考题理论依据、解析思路的探讨，教师可根据教学要求，简单介绍本案例中涉及的相关理论，并进行思考题解答分析。

4. 第二阶段课堂讨论和总结（20 分钟）

在教师启发点评的基础上，引导学生进一步进行课堂讨论和归纳总结。

六、参考资料

［1］曹小曙，林强. 世界城市地铁发展历程与规律［J］. 地理学报，2008（12）：1257–1267.

［2］杨晓光，周雪梅，藏华. 基于 ITS 环境的公共汽车交通换乘时间最短调度问题研究［J］. 系统工程，2003（2）：56–59.

［3］陆锡明，朱洪.《上海市城市交通白皮书》简介［J］. 道路交通管理. 上海人民出版社，2002（6）：23 - 26.

［4］向谦楠，陈义华. 轨道交通可达性与区域经济发展的相关研究［J］. 铁路运输与经济，2010（11）：69 - 72.

［5］覃煜，晏克非. 轨道交通与常规公交衔接系统分析［J］. 城市轨道交通研究，2000（2）：44 - 48.

［6］王秋平，李峰. 城市其他客运交通换乘轨道交通协调探讨［J］. 西安建筑科技大学学报（自然科学版），2003（2）：136 - 139 + 150.

［7］朱鲤. 上海市轨道交通、公交线网两网融合研究［J］. 交通与运输（学术版），2014（1）：59.

［8］潘福全，马雨秋，张丽霞，杨金顺，宋慧. 城市公交线网优化方法研究综述与展望［J］. 交通科技与经济，2016（5）：10 - 13.

［9］戴帅，陈艳艳，刘小明. 北京市公共交通一体化规划研究［J］. 规划师，2007（11）：8 - 11.

［10］叶钦海，靳文舟，何佳利. 地铁新线开通公交优化调整研究——以广州地铁六号线二期为例［J］. 公路与汽运，2016（6）：28 - 32.

［11］尹怡晓，赵海宾，郭忠，梁志埠，孙晓能，李振宇. 基于轨道公交一体化的公交线网优化调整方法［J］. 交通运输研究，2021（3）：62 - 71 + 81.

［12］王春城. 公共政策客体层次论及其对政策绩效评估的规定［J］. 江苏社会科学，2019（1）：104 - 113.

［13］何佳旭，薛忠义，郭丰瑞. 公共政策冲突：碎片化运行还是利益博弈？［J］. 领导科学，2022（5）：95 - 98.

［14］孙云峰. 公共政策执行者的身份矛盾与理性失衡［J］. 学海，2013（4）：170 - 174.

［15］柴宝勇，石春林. 党的领导体制下的政策制定模式及其特征——基于主体、结构和层级的视角［J］. 中国行政管理，2022（2）：100 - 108.

［16］陈庆云. 公共政策分析.［M］. 北京：北京大学出版社，2006：67 - 80.

［17］宁骚．公共政策学．［M］．北京：北京大学出版社．高等教育出版社，2003：258－267.

［18］王业宝．城市公交服务水平满意度综合评价研究［J］．交通世界，2022（18）：1－3.

［19］李睿，陈坚，傅志妍．基于结构方程模型的定制公交乘客满意度分析［J］．科学技术与工程，2020，20（25）：10499－10523.

［20］张丽娜．基于乘客满意度的城市公交评价体系研究［J］．交通世界，2021（33）：6－8.

［21］李浩瑄．成都：从公园城市"首提地"到"示范区"［J］．廉政瞭望，2022（12）：18－21.

［22］王兵，陈钉均，徐长安，吴开腾，周凤杰．城市轨道交通与常规公交协调方法研究进展［J］．综合运输，2017（12）：55－59.

案例四　城市轨道交通 TOD 投融资政策何以出台

——以 C 市为例

谢宇航[*]

摘　要： 城市轨道交通的快速发展及其不断攀升的建设及运营成本成为地方政府财政压力的重要来源。为了支持城市轨道交通可持续发展，各地借鉴香港经验开始探索实施轨道交通公交引导型发展（TOD）综合开发，以土地价值捕获来重构轨道交通投融资体系。本案例以 C 市为例，分析了 C 市轨道交通建设及运营对地方政府的财政冲击，C 市委市政府推动制定轨道交通 TOD 投融资政策中的利益博弈与调适整合，以为其他城市类似政策的制定及实施提供经验借鉴。

关键词： 轨道交通 TOD；土地价值捕获；投融资政策

第一部分　案　例　正　文

一、引言

轨道交通投融资困境是每个建设地铁的城市所面临的共同困境。为了

---

* 谢宇航：西南交通大学公共管理学院。

更好地为地铁建设提供配套资金，很多城市以香港地铁"轨道＋物业"模式为学习模板，希望通过轨道交通 TOD 开发来反哺轨道交通建设与运营。在此背景下，C 市于 2017 年也启动了 TOD 建设，不断完善 TOD 相关政策，截至 2021 年底，已经出台了以规划体系为引领，实施意见、实施细则为核心（《C 市轨道交通 TOD 综合开发战略规划》《关于轨道交通场站综合开发的实施意见》《C 市轨道交通场站综合开发实施细则》），全方位配套政策（如资金筹措、规划管理、技术规范、设计导则、用地管理、地下空间、消防安全、合作开发、商业运营、上盖综合开发技术规定等）为支撑的"1＋2＋N"的制度体系。成为全国开通地铁的 43 个城市中，政策体系最完备的城市之一。

在这一系列政策的支持下，C 市轨道集团储备了大量土地，在 2018 年首期同时推出了 14 个 TOD 项目，相比其他城市通常只能单项目逐步推进而言，这一模式成为各城市瞩目的焦点。那么，C 市作为轨道交通 TOD 领域的后来者，是如何做到能够有效协调市级政府各部门以及各区县政府，快速出台一系列政策的呢？在出台政策的过程中又存在哪些利益博弈呢？

二、C 市城市轨道交通投融资现状与困境

（一）C 市城市轨道交通建设与发展

2005 年，国家发改委正式批准了 C 市城市快速轨道交通建设规划，又称为"C 市地铁第一期建设规划"，C 市地铁 1 号线一期工程正式动工建设，到 2010 年，C 市地铁 1 号线一期工程开通运营。但是直到 2015 年底，C 市地铁运营里程也仅为 86 千米，全市只有三条地铁线路。2016 年，以轨道交通规划修编为契机，C 市提出到 2020 年要达到"650 ＋"的目标：运营里程不少于 500 千米，在建里程不少于 150 千米。2020 年底，C 市"五线齐发"，地铁运营里程已达到 518 千米（见图 4.1），位居全国第三位。根据规划，C 市轨道交通远期（2035 年）将达到 36 条线路、1666 千米规模；远景（2050 年）将达到 55 条线路、2382 千米规模。

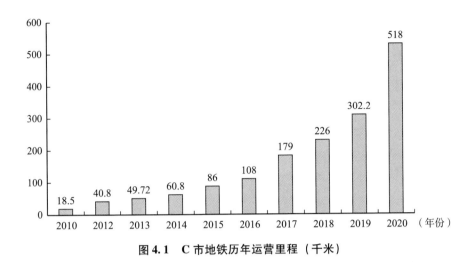

图 4.1　C 市地铁历年运营里程（千米）

（二）轨道交通加速成网与攀升的资金需求

在 C 市轨道交通加速成网的过程中，相应的资金需求也快速增长。轨道交通建设及运营所需资金主要包括：一是轨道交通建设成本；二是轨道交通运营成本。根据阿迪拉－戈麦斯和奥特贡－桑切斯（Ardila－Gomez & Ortegon－Sanchez，2016）等学者的研究，随着轨道交通线路网络的扩大以及早期轨道交通网络的老化，运营成本和线路维护的成本会不断增加，从而导致轨道交通全生命周期内的总成本居高不下。

据 C 市轨道集团在《C 市轨道交通 TOD 综合开发战略规划》中的测算显示，轨道交通全生命周期的投资（含融资产生的 20 年财务费用、30 年总运营成本、更新改造及追加投资）是初始建设投资的 3~5 倍。

具体来看，建设成本方面，根据 C 市轨道交通集团 2022 年发布的第一期中期票据募集说明书中披露的数据显示，自 2010 年开始，轨道线路平均造价不断攀升。2010 年轨道交通 1 号线平均造价为 4.06 亿元/千米，2019 年的 5 号线平均造价已达 7.85 亿元/千米（见表 4.1）。而正在建项目中，轨道交通平均造价为 7.92 亿元/千米，单位成本最高的 18 号线三期已经达到 12.43 亿元/千米，在建项目所需总资金为 1693.9 亿元（见表 4.2）。

表 4.1   G 市和 C 市地铁项目修建成本情况

城市	通车时间	通车线路	每千米建设投资成本（亿元）
G 市	2009 年	5 号线	4.74
	2010 年	2 号线	4.62
	2016 年	7 号线	4.96
	2017 年	9 号线	5.46
	2018 年	21 号线	10.87
C 市	2010 年	1 号线一期	4.06
	2011 年	2 号线一期	4.12
	2016 年	4 号线一期	5.67
	2018 年	3 号线二、三期	5.72
	2019 年	5 号线一、二期	7.85

数据来源：C 市轨道交通集团 2022 年发布的第一期中期票据募集说明书。

表 4.2   C 市地铁在建项目建设投资情况

线路	总投资（亿元）	建设长度（千米）	每千米建设投资成本（亿元）
10 号线三期	62.35	5.87	10.62
13 号线一期	282.40	29.07	9.71
17 号线二期	227.84	24.76	9.20
18 号线三期	168.43	13.55	12.43
19 号线二期	355.18	42.87	8.29
27 号线一期	167.62	24.86	6.74
30 号线一期	210.998	26.284	8.03
8 号线二期	85.31	7.81	10.92
轨道交通资阳线	133.84	38.7	3.46
总计/平均	1693.9	213.77	7.92

　　C 市轨道交通建设资金来源主要为政府资本金及银行贷款。2021 年末，C 市轨道交通集团的长期借款为 1425.37 亿元。虽然可以通过银行借款等方式筹措政府资本金以外的建设资金，但作为市政府的独资公司，地

方政府最终需要为这部分银行借款兜底，成为地方政府的隐性债务。

运营成本方面。城市轨道交通运营期成本主要包括运营成本、摊销成本、折旧成本和财务成本。其中运营成本由人工成本、电费成本、维修成本等构成。C 市轨道交通年度运营成本较高，2020 年运营成本达 867367.84 万元，每千米运营成本为 1674 万元。运营收入（即票价收入）仅 257251.76 万元，远远无法覆盖支出。政府票款补贴逐年攀升，2020 年政府票款补贴已达 910900 万元（见表4.3）。随着地铁线网的扩展，运营方面的资金需求还将不断增长。

表 4.3　　　　　　　　C 市轨道交通年度运营收支情况　　　　　　　单位：万元

项目	2020 年	2019 年	2018 年	2017 年
地铁运营收入	257251.76	315206.96	255274.43	166308.33
地铁运营成本	867367.84	638316.91	282640.35	201848.12
地铁运营毛利	−610116.08	−323109.95	−27365.92	−35539.79
政府票款补贴	910900.00	636200.00	—	—
每千米运营成本	1674.00	2113.00	1250.00	1127.60

数据来源：C 市轨道交通集团 2022 年度第一期中期票据募集说明书。

虽然 C 市政府财政收入 2020 年达 5192.62 亿元，但市政府债务也很高。因此，除政府财政支持以外，为轨道交通建设和运营寻找到替代的资金来源对于 C 市轨道交通的长期可持续发展至关重要。

随着香港地铁"轨道＋物业"经验的传入，包括 C 市在内的众多内地城市也开始考虑将轨道交通与周边土地开发深度结合，以土地综合开发所得收益来反哺轨道交通的建设及运营。正是在这一背景下，C 市开始打算围绕轨道交通展开综合开发。

三、轨道交通投融资新政策出台：TOD 综合开发政策体系

如前所述，在开通地铁运营的城市中，大多数都面临着与 C 市类似的

困境，也都意识到可以运用轨道交通 TOD 建设作为土地价值捕获的工具。但是，城市轨道交通 TOD 综合开发是一项涉及各级政府、政府各部门、地铁公司、开发商及公众的多主体的复杂工作，需要进行多方利益协调。同时需要在部分领域突破现有规章制度的制约，出台新的政策文件。

（一）183 号文的出台及来自区（市）县政府的反馈

2016 年 C 市公布了拟向国家发改委申报的《C 市城市轨道交通第四期建设规划（2017－2023 年)》，该规划包含 15 条线路，总里程 283.3 千米，车站 187 座。但因 2017 年 8 月包头地铁被叫停，国家发改委暂停了全国范围内的地铁审批，各个城市需要向国家发改委论证地铁建设资金来源的可靠性，与城市政府财政收入相匹配，防范地方政府债务风险。

于是 C 市开始考虑学习香港、深圳以轨道公司为主，利用站点周边土地的开发来反哺轨道交通建设及运营的投融资模式，即围绕轨道交通站点的 TOD 综合开发。时任 C 市领导决定将 TOD 模式推广到整个 2035 年的地铁线网规划中，通过更大规模的 TOD 综合开发真正实现对轨道交通建设及运营的反哺。在此过程中，以 C 市轨道集团为主导，经过了 10 个月的起草、论证，2017 年 11 月由 C 市人民政府正式印发了《轨道交通场站综合开发的实施意见》（以下简称"183 号文"），以政府文件的形式明确了进行轨道交通综合开发的顶层设计。该文件明确要实施轨道交通综合开发，并将轨道交通综合开发收益纳入市财政统筹，全部用于轨道交通建设、运营和场站综合开发，支持轨道交通可持续发展。与此同时确定了三个重要的工作机制，即划定轨道交通场站综合开发用地范围、确定轨道交通场站综合开发规划管控体系以及加强轨道交通场站综合开发用地保障。

2019 年，《C 市城市轨道交通第四期建设规划（2019－2024)》获国家发改委正式批复，C 市第四期建设规划总里程从 283 千米削减为 176.65 千米，车站 112 座，但在 183 号文的支持下，C 市仍然是同时期被批准地铁建设里程最长的城市。

虽然 183 号文也征求了 C 市各区（市）县政府的意见并获得正式通过，但在实施过程中仍遭遇了区（市）县政府的抵制。一方面，183 号文实施后，地方政府轨道交通站点周边所有地块的上市出让被暂停。因为 183 文提出"以轨道交通站点为中心，按照一般站点半径 500 米、换乘站点半径 800 米确定综合开发用地范围"，而 183 号文范围内的综合开发用地只有在完成了一体化城市设计①之后才能上市出让。一体化城市设计从开始编制到完成审批通常需要数月时间。这就实际上放缓了区（市）县政府轨道交通站点周边土地出让流程，对于高度依赖土地财政的地方政府而言，其政府正常运转受到了较大的冲击。另一方面，183 号文出台后，综合开发用地"由市国土局牵头，会同市规划局对确定的场站综合开发用地范围内的土地资源进行管控。各区（市）县政府和市级国有平台公司不得擅自组织出让。"这对区（市）县政府的招商引资工作带来不利影响。一些区（市）县政府已经与企业谈好条件，正待签约，但 183 号文则将这部分地块划归市政府，那么招商工作怎么办？另外一些区（市）县招商的项目已经过会，且是市级重点项目，183 文出台以后被叫停，该如何处理？

此外，区（市）县政府并没有特别了解轨道交通 TOD 综合开发的意义及价值，因此对于实施该政策还存在诸多疑虑。

为了推动 183 号文的顺利实施，并为后续轨道交通 TOD 综合开发政策的出台奠定基础，C 市市委市政府采用了多种方式来协调各方意见。

（二）统一思想，协调行动

1. 考察学习，统一思想

2018 年 4 月，时任 C 市市委书记召开轨道交通建设工作现场推进会，同年 9 月又主持召开了 TOD 综合开发工作专题会，提出"站城一体化"是轨道交通时代城市开发的一场思想解放运动，要深化对其战略意义的认识，统一思想、凝聚共识，以"功成不必在我"的责任担当做好长远谋划，探索解决方法策略、政策体系、利益分享等问题。同时，强调"要打破将 TOD 综合开发效益等同于土地收益的观念"，"要鼓励各方共同参与，

---

① 一体化城市设计是遵照 TOD 原则，对轨道交通站点周边土地的用地布局、城市形态、开敞空间、地下空间利用、慢行系统、交通接驳等进行统筹规划，一体化设计。由一体化城市设计方案来指导站点周边的综合开发有利于更好地提升土地价值。

根据投资股权分享综合收益，建立起科学的利益分享机制。"2018 年 C 市对上述内容开始了全市的大学习大讨论，持续了近两年。

一方面，从 2018 年开始，由市领导带队到东京、大阪、香港等城市考察学习，要求各区（市）县分管规划的处级或局级干部参加。在考察中，主要了解了这些城市地铁每个站点 TOD 是如何开发的，设计理念，有何收益以及对周边的影响。

同时市委市政府发文，要求全市各机关事业单位，包括地方政府融资平台公司全部要认真学习，并撰写学习心得，还将此项工作作为部门年终考核内容，所以区（市）县及市级各部门都高度重视。

2019 年，C 市领导再次发表了关于 TOD 综合开发的重要讲话，并印发了讲话摘要和 C 市轨道集团制作的《关于赴东京、大阪考察 TOD 综合开发情况的报告》及《东京地铁 TOD 启示录》，要求各级政府深入学习研究 TOD 综合开发。

通过考察学习、撰写学习心得，市级各部门及区（市）县政府都认识到 TOD 对城市发展的重要作用，统一了思想。

2. 轨道交通建设和 TOD 综合开发领导小组高位推动

C 市在 2017 年启动轨道交通 TOD 建设时就成立了轨道交通综合开发工作领导小组，由分管副市长任组长。2021 年发布《C 市轨道交通建设和 TOD 综合开发领导小组及办公室设置方案》，将轨道交通建设和 TOD 综合开发的职能合并，成立了轨道交通建设和 TOD 综合开发领导小组，并由市长担任领导小组组长。同年还发布了《C 市轨道交通建设和 TOD 综合开发领导小组及办公室相关会议议事规则》（以下简称《议事规则》），主要通过领导小组工作会、调度会、办公室工作例会三级会议来协调 TOD 综合开发中不同重要性的事务。《议事规则》还将市住建局、市发展和改革委、市规划和自然资源局、市商务局、市经信局、市公安局、市生态环境局、市城管委、市交通运输局、市水务局、市公园城市局、市投促局、市应急局、市文广旅局、市人防办、市政府督查室、相关区（市）县政府、C 市轨道集团等相关组织作为领导小组成员单位，并对其职责作出详细规定，以确保领导小组决策的事项能够得到有效落实。市轨道交通建设和 TOD 综合开发领导小组自成立以来已处理协调了 TOD 综合开发的多项事务。

3. 将轨道交通 TOD 建设作为公园城市建设的重要抓手

2018 年 9 月，C 市领导在 TOD 综合开发工作专题会上提出要"以 TOD 综合开发助推美丽宜居公园城市建设"。2022 年《C 市建设践行新发展理念的公园城市示范区总体方案》中也将 TOD 综合开发作为公园城市投资运营的新模式，这就为 TOD 政策在 C 市各部门及各区（市）县政府的贯彻落实进一步奠定了基础。

4. 出台专项规划，明确实施细节

183 号文明确了圈地的原则，但对于由谁来主导 TOD 开发等实施细节仍存在不明确之处，这也是区（市）县政府困惑的地方。因此在 2018 年 C 市规划管理局和成都轨道交通集团出台了《C 市轨道交通场站综合开发专项规划》。专项规划在 183 号文的基础上进一步确定了具体地块、规模、站点分级分类、设计导则（如如何实现站点互联互通以及轨道、公交的慢行等）等。

（三）C 市轨道交通 TOD 政策体系出台

在前述各项工作的铺垫下，C 市出台了继 183 号文之后的两个 TOD 政策文件，即《C 市轨道交通场站综合开发实施细则》《C 市轨道交通 TOD 综合开发战略规划》，同时还出台了《C 市轨道交通场站综合开发项目用地管控和资金筹集实施细则》《C 市轨道交通场站综合开发用地管理办法》等重要配套政策文件（见表 4.4），为 C 市轨道集团通过轨道交通场站 TOD 建设及开发来捕获土地价值的实践奠定了基础。

表 4.4　　　　　　　C 市轨道交通 TOD 综合开发相关政策文件

发布日期	文件名称
2017 年 11 月	《C 市人民政府关于轨道交通场站综合开发的实施意见》
2018 年 11 月	《C 市轨道交通场站综合开发专项规划》
2018 年 11 月	《C 市轨道交通场站一体化城市设计导则》
2018 年 11 月	《C 市轨道交通场站综合开发实施细则》

发布日期	文件名称
2019 年 4 月	《C 市轨道交通场站综合开发用地管理办法（试行）》
2021 年 3 月	《C 市轨道交通 TOD 综合开发战略规划》
2021 年 6 月	《C 市轨道交通场站综合开发用地管理办法》
2021 年 10 月	《C 市轨道交通建设和 TOD 综合开发领导小组及办公室相关会议议事规则》
2021 年 2 月	《C 市属国有企业资产招商管理办法》
2020 年	《C 市轨道交通集团 TOD 综合开发项目商业占比和持有比例政策建议》

其中，《C 市轨道交通场站综合开发实施细则》将《C 市轨道交通场站综合开发专项规划》中基于 2035 年轨道交通线网梳理的全市 600 多个 TOD 站点中的 105 个确定为由 C 市轨道集团代表市政府主导开发，以满足前五期轨道交通建设运营的资金需求。同时，鼓励区（市）县政府和市属国有企业与 C 市轨道集团合作，具体合作方式由各方协商确定，可享受与 C 市轨道集团相同的宗地评估价政策优惠。

《C 市市轨道交通 TOD 综合开发战略规划》提出要避免站点之间的同质化竞争，促进不同类型站点差异化、特色化发展，按照分级分类原则推进 TOD 综合开发，将 C 市最新轨道线网中的 696 个站点分为四级五类，具体为城市级、区域级、组团级、社区级四级，以及商圈核心型、交通枢纽型、综合中心型、产业社区型以及生活服务型五类。

这些政策考虑了各区（市）县政府的利益和诉求，也得到了他们的支持。

（四）进一步的博弈与政策出台（商住比政策）

在商住比例方面，C 市轨道集团与区（市）县政府博弈较多。C 市轨道集团围绕站点周边的 TOD 设计是按照商业策略逻辑进行的，在地块中产业、商业、住宅的配比主要根据利润最大化的目标确定。这意味着 C 市轨道集团更偏向于安排更多的住宅项目，这样可以快速回收现金流，推动 TOD 项目的滚动开发。

但是区（市）县政府认为轨道交通站点周边通常属于黄金地块，希望利用轨道交通的优势，设计更多的商业、产业型物业，这样有助于提升本地区的 GDP，带来更多的就业及税收增长。

就此而言，C 市政府采取了两种做法来推动双方达成共识：一是 C 市商务局对全市的商业进行了摸排，最终确定不同 TOD 站点的最高商住比。商务局首先梳理了 C 市所有现存商业，以及已经出让的商业地块，测算全市还需要多少商业量，最终出台了《C 市轨道交通集团 TOD 综合开发项目商业占比和持有比例政策建议》，建议城市级站点的商业量不超过 49%，片区级站点不超过 39%，组团级站点不超 22%，一般站点不超过 10%。二是在最高商住比限制下，具体商住比在区（市）县层级由区（市）县政府与 C 市轨道集团达成一致意见后上报。

四、结语

C 市政府在轨道交通加速成网的财政压力之下，决定借鉴香港、东京等城市的 TOD 建设模式来捕获土地价值，缓解轨道交通建设及运营的巨大资金需求。但是 TOD 综合开发涉及多主体的利益，需要对其进行协调并设置合理的利益分配机制，同时还需要突破现有的规划、土地出让等多方面制度带来的掣肘。C 市采用了领导小组、专家咨询、学习讨论等多种方式来深化各相关主体的认识，并形成了"1 + 2 + N"的 TOD 政策体系，将 C 市打造成为 TOD 典范城市。

思考题

1. C 市轨道交通建设融资是我国城市轨道交通融资问题的一个缩影，我国城市轨道交通投融资遇到了怎样的问题？

2. C 市政府围绕轨道交通场站进行 TOD 开发来为城市轨道交通建设融资的理论依据是什么？

3. C 市是如何协调区（市）县政府及市级各部门推动公共政策的出台

及实施的，可以采用什么理论进行分析?

第二部分　案例使用说明

一、课前准备

1. 课前提前一周将案例正文发放给学生，要求学生熟悉案例并自主查询相关资料及理论，初步了解 TOD、土地价值捕获、外部性理论、受益者付费原则以及组织激励理论等。

2. 将思考题布置给学生，按 4~5 人对学生进行分组，每个小组课前进行讨论，收集相关资料，做好课上分组发言讨论的准备。

二、适用对象

本案例适用于公共管理硕士（MPA）"交通与政策前沿"课程的学习。

三、教学目标

本案例以 C 市轨道交通 TOD 投融资政策的出台为例，对轨道交通投资运营给政府带来的财政压力，政府如何协调各方利益推动 TOD 投融资政策体系的出台进行了较为深入的分析。通过本案例的学习和分析，使学生在了解 C 市轨道交通 TOD 投融资政策出台过程的基础上，掌握 TOD、公共交通投资的外部性、土地价值捕获、组织激励等概念及理论，明确公共政策制定的原则及标准，了解政府内部各层级、各部门以及政府与国有企业之间达成共识的机制，旨在为政府与相关主体间的治理提供借鉴。本案例旨在培养学生运用理论思考和解决实际问题的能力。

四、教学内容及要点分析

（一）案例涉及的理论与要点

1. TOD

公交引导型发展（Transit-oriented development，TOD）：公交车站周围进行高密度、土地混合开发、步行友好型的规划发展模式。TOD 理念提倡在交通枢纽周边开发各种城市服务设施、办公就业、零售商店和住房，促进公交和非机动化出行（铃木博明等，2013）。

2. 公共交通投资的外部性

轨道交通是一项政府投资的基础设施，其投资运营带来的收益不仅由使用者（即地铁乘客）获得，还将产生的广泛的收益外部性，使一般公众、物业所有人和开发商也从中获益（Lari et al.，2009）。具体而言，轨道交通投资运营产生的外部性包括其带来的经济增长和投资环境的改善，同时还将由于可达性的提升而推动轨道交通站点和线路周边的住宅、厂房、商业等价值增值。

因此，从公共交通投资外部性的视角出发，轨道交通投融资的资金来源不仅应包括来自使用者的车票收入，还应包括来自一般公众的税收和来自物业所有者物业增值收益的分享。这有助于将公共交通投资产生的外部性充分内部化，提高轨道交通建设及服务供给的效率。

3. 土地价值捕获

土地价值捕获是指采用税收、收费、土地租赁或出让等工具将政府公共行动产生的土地价值增值转变为公共收入的过程（Smolka，2012）。对于中国而言，由于缺乏财产税等基于税费的价值捕获工具（tax-based land value capture），采用土地出让、物业开发等基于开发的价值捕获工具（development-based land value capture）将基础设施投资的外部性内部化，以缓解地方政府的投融资困境尤为重要。

（二）案例思考题分析要点

1. C 市轨道交通建设融资是我国城市轨道交通融资问题的一个缩影，我国城市轨道交通投融资遇到了怎样的问题？

我国城市轨道交通投融资长期以来主要依赖于政府财政投入以及银行借款等融资形式，但是在政府财政压力不断增大以及中央政府控制地方政府债务负担的情况下，为了实现城市轨道交通的建设运营的可持续性，必须寻求新的融资渠道。

2. C 市政府围绕轨道交通场站进行 TOD 开发来为城市轨道交通建设融资的理论依据是什么？

主要理论依据是外部性理论与受益者付费原则。

外部性理论表明，城市轨道交通基础设施的建设不仅会使轨道交通基础设施的使用者受益，还会带来经济增长、轨道交通站点周边物业增值等效应。受益者付费原则要求公共服务的受益人基于其受益大小支付公共服务的成本。受益者支付原则的运用可以确保交通项目的边际成本等于边际收益，从而实现有效率的项目建设和服务供给。

通常而言，公共交通项目的受益人可区分为一般公众、公共交通使用者和物业所有人三类，他们分别从公共交通建设带来的经济增长、出行时间及成本减少、物业价值提升中获得利益。与受益人对应，公共交通项目的融资来源应由一般性税收、票箱收入和土地价值捕获共同组成。

土地价值捕获是指采用税收、收费、土地租赁或出让等工具将政府公共行动产生的土地价值增值转变为公共收入的过程。从世界各国的实践来看，对轨道交通建设及运营带来的土地价值增值，主要有两类捕获工具：一是基于税费的土地价值捕获，二是基于开发的土地价值捕获。C 市的 TOD 综合开发就是基于开发的土地价值捕获方法，它是由 C 市轨道集团竞得 TOD 项目土地，再按照自主开发、股权合作等模式进行项目开发，从而获得土地出让及物业开发的双重价值增值来反哺轨道交通建设及运营。

3. C 市是如何协调区（市）县政府及市级各部门推动公共政策的出台及实施的，可以采用什么理论进行分析？

可以采用组织激励理论来分析。组织经济学中的激励理论认为，组织设计的关键在于进行合理的激励设计，使得代理方的利益与委托方的利益一致。在本案例中主要通过成立轨道交通建设和 TOD 综合开发领导小组，以及将 TOD 综合开发相关任务纳入年度考核内容来强化区（市）县政府以及市级各部门的行为激励，从而推动 TOD 相关政策的快速制定及有效实施。

地方领导小组所形成的特殊组织形式通过调整原有的委托－代理关系形成对代理人的强激励，从而可以推动跨部门、跨地区政策的快速出台。在 C 市的轨道交通 TOD 综合开发中，C 市轨道集团是该模式的实际"操盘手"，不仅要自主开发多个 TOD 项目，而且要起草 TOD 相关政策。而 C 市轨道集团仅为 C 市国资委下属的全资国有公司，其并不拥有命令或协调市级各部门以及各区（市）县政府的权力。如果要得到各部门及各级政府对政策的支持，必须借助更高的权威来推动。因此，C 市在 2017 年成立了轨道交通综合开发工作领导小组，由副市长任组长。在 2021 年将轨道交通建设和 TOD 综合开发的职能合并，成立了轨道交通建设和 TOD 综合开发领导小组，由市长任组长。

高级别领导担任组长的领导小组一旦成立，将从以下方面改变或重构市级政府各部门以及各区（市）县政府协调配合的激励，从而能够快速出台一系列政策：一是 TOD 综合开发工作领导小组（以及后期的轨道交通与 TOD 综合开发领导小组）的成立，相当于构建了一个 TOD 综合开发的专项任务，能够通过"显著机制"吸引各区（市）县政府及市级各部门对 TOD 综合开发有关事务的关注（原超等，2017），利用单任务的显著性来强化市级政府部门及区（市）县政府快速解决相关事务的激励。二是 TOD 综合开发工作领导小组先期由副市长任组长，2021 年后由市长任组长。在地方政府领导小组林立的背景下，只有更高级别领导担任组长的领导小组所分配的专项任务会得到市级各部门及下级政府更积极的执行，因为这代表了上级政府对该专项任务的重视程度，从而强化其行动激励。

另外，2021 年发布的《C 市轨道交通场站综合开发用地管理办法》还将轨道交通场站综合开发工作纳入市政府目标绩效考核内容，将相关政府部门的职业前景与工资福利与之挂钩，这也进一步强化了相关政府层级及部门对政策制定及实施的支持。

五、教学安排

1. 案例背景及内容的课堂介绍（15～20 分钟）

教师准备 15～20 分钟的课堂前言，结合 PPT 对案例进行简要介绍，重点说明在政策出台过程中地方政府的顾虑以及市委市政府的协调推动；介绍课程安排，明确教学目的、教学计划及流程安排。

2. 学生课堂发言（60～70 分钟）

按照抽签顺序，由各小组针对思考题进行发言，将本小组对案例的分析过程及分析结论以 PPT 或研究报告的形式进行展示。各小组展示完毕后可以就不同观点进行深入探讨，教师应引导学生对核心概念及理论应用进行深入思考，提高课堂讨论的质量。

3. 教师总结点评

教师应在每一组讨论结束后或者全部讨论结束后，对各组的发言情况进行评价，之后教师应结合学生发言及讨论情况，再从外部性理论、组织激励理论等角度对案例进行系统清晰的介绍和讲解。

六、参考文献

［1］原超，李妮. 地方领导小组的运作逻辑及对政府治理的影响——基于组织激励视角的分析［J］. 公共管理学报，2017，14（1）：27－37＋155. DOI：10.16149/j. cnki. 23－1523. 2017.01.003.

［2］［日］铃木博明，［美］罗伯特·瑟夫罗，［日］井内加奈子. 公交引导城市转型——公交与土地利用整合促进城市可持续发展［M］. 北京：中国建筑工业出版社，2013.

[3] Fisher R C. State and Local Public Finance [M]. Routledge, 2016.

[4] Suzuki H, Murakami J, Hong Y H, et al. Financing Transit-oriented Development with Land Values: Adapting Land Value Capture in Developing Countries [M]. World Bank Publications, 2015.

[5] Smolka M O. A New Look at Value Capture in Latin America [J]. Land Lines, 2012, 24 (3): 10 - 15.

[6] Lari Adeel, David Matthew Levinson, Zhirong Zhao, Michael James Iacono, Sara Aultman, Kirti Vardhan Das, Jason Junge, Kerstin Larson, and Michael Scharenbroich. 2009. Value Capture for Transportation Finance: Technical Research Report CTS 09 - 18, Minneapolis, MN: Center for Transportation Studies, University of Minnesota. http://trid. trb. org/view. aspx? id = 898454.

案例五　修路何以致富
——交通建设助力民族地区脱贫攻坚

王浩宇　黄春芳[*]

摘　要： 交通建设是推动民族地区经济社会发展的基础性条件，有利于促进少数民族与汉族的交流互动、少数民族文化观念的更新以及民族地区特色产业的发展。但民族地区的交通发展往往会伴随少数民族传统生计、生活方式的改变，为多民族地区的社会治理带来机遇和挑战。四川省阿坝藏族羌族自治州黑水县的案例研究表明，鉴于特殊地理因素和社会条件的影响，少数民族地区的交通建设及与之密切相关的脱贫攻坚、乡村振兴等应以当地的资源禀赋和地方性知识为依托，以构建多民族融合的社会治理共同体为目标，为挖掘少数民族地区内生发展动力和建立解决相对贫困长效机制奠定坚实的社会基础。

关键词： 交通；少数民族；脱贫攻坚；特色产业；阿坝州

第一部分　案例正文

一、引言

2020年冬天，在四川省阿坝藏族羌族自治州（以下简称"阿坝州"）

---

* 王浩宇：西南交通大学公共管理学院；黄春芳：西南交通大学公共管理学院。

黑水县的 A 村，村民正在紧锣密鼓地往生鲜货运车上搬运娃娃菜。"以前啊，看到地头烂掉的菜就心疼，现在好啊，我跟我家老头子等着师傅过来收菜就行咯。"村民阿兰一边往车上搬一边笑开了颜。一旁的泽力连忙挺直了腰板儿笑着说："对呀，以前我们村的路坑坑洼洼的，出行都不方便，更别说发展了。多亏政府修了这条路，让我在家门前就能赚到钱了，真正让我们这些人富起来了"。究竟是怎样的一条路让阿兰和泽力这些当地的藏族村民喜笑颜开？道路是如何为曾经的少数民族贫困地区注入发展活力，对于少数民族地区的社会治理又产生了哪些深远影响？本案例以第一手调查资料为基础，包括驻村第一书记访谈、村民访谈、参与观察等田野记录，对阿坝州黑水县 A 村的交通建设及相关问题展开分析。

二、走进 A 村：驻村书记的"初体验"

（一）守着"金饭碗"饿肚子

A 村位于四川省阿坝州黑水县。2015 年该村被认定为省级贫困村，全村共 108 户 303 人，均为藏族人口，初中以下学历占全村人口的 85%，村民主要依靠传统的种植业和放牧业为生。截至 2016 年底，全村共有贫困户 29 户 75 人，占全村总人口的 24%。2017 年刘达（化名）以接任驻村第一书记的身份来到 A 村，主要工作是帮助该村和贫困户做好脱贫摘帽及其后续发展工作。在刘达看来，A 村拥有发展特色产业的良好资源基础，特色农牧业、特色旅游业、文创产业等都能使 A 村迈向发家致富的道路。然而，现实情况却是村民守着"金饭碗"饿肚子，村里的基础设施配套情况、村民观念以及发展相关产业的客观条件等，都让刘达感到自己的工作将面临很多困难和挑战。

与其他第一书记一样，刘达为了更全面地掌握村里贫困户的情况，自到任第一天起，就马不停蹄地逐户走访。A 村地处季风高原型气候地带，海拔高，对于习惯了大城市生活的刘达来说，高原反应是他面临的首要挑战。但村里最贫困的家庭主要分布在山坡上，刘达要想亲自了解这些贫困户的情况，就必须经过跋山涉水、爬坡迈坎。而刘达走访的贫困户以老年人居多，他们普遍年纪偏大，且不会说汉语，只会说康巴藏语，因此语言障碍成了他所面临的第二个挑战。另外，农村里的生活更为"灵活"，"29户贫困户，按理说 1 个月的时间就可以完成走访"，但实际情况是"我去了，贫困户不在；等他在了，我又去走访另一家了"，刘达对此深感无奈。

（二）寸步难行的"水泥路"

晴天一身土，雨天一身泥。让刘达体会最深的还是村里独具特色的"水泥路"。一到下雨天，村道就成了泥巴混水之路，一脚踩下去，筒靴就被牢牢地"锁"住，虽然走"水泥路"并不是让刘达感到烦躁的事情。但"水泥路"的确给当地的沟通走访工作带来了很多障碍。兰木是 A 村的村支书。兰木在对刘达谈及自身工作时，第一感受就是身体累，因为村支书包揽了村里大大小小的事务，大到村委换届，小到村民吵架，兰木都要费心尽力——大的任务兰木要牵头安排，向上汇报、对下部署，多方沟通、多方协调才能高标准完成工作。在这一过程中，村里的"水泥路"给繁重的沟通交流工作带来了很多障碍，有时候大部分工作时间都花在了路上，使人感到身心俱疲。例如，村里为了提升村容村貌，要集中搞一次大扫除，当刘达好不容易克服交通困难完成走访宣传时，他却发现这里的村民对这项活动好像并不感兴趣，因为交通不便，而村里空闲的村民大部分又是老年人，不仅行动不便，万一遇到下雨天还容易发生交通事故和危险。这使刘达意识到，交通条件的落后，不仅使村子的经济发展受到了限制，连村民的日常生活都受到了或大或小的影响。

三、"要致富、先修路"

（一）修路：打开希望的"天窗"

很多贫困地区其实并不缺乏资源，但因道路不通畅而导致这些地区守着"金饭碗"饿肚子。修建便捷的公路不仅能带动贫困地区经济社会的发展，还会使村民们有了"新奔头"。让村民每天都乐此不疲围观的，就是村里的修路现场。刘达去 A 村的时候，村里正在修建连接四个村组与主干道的村道，对于村民来说，村道就是他们的生活要道。村里的资源有限，村民的生活、工作、学习都依靠县城的配套，但想去趟县里，步行至少需要好几个小时，万一遇到暴雨天，更是"寸步难行"。修好了村道，就等于给村民打开了"希望的天窗"。每当晴天的时候，干完农活儿的村民就来到修路现场，看看村道修到哪里了，并询问何时完工。

（二）工程规划的紧急变更

修建一条好路，就能带动一片产业，带富一方百姓。然而，有没有修路是一回事，修得好不好又是另外一回事。A 村因为地处高原，海拔高、坡度大，在修路过程中难免会遭遇许多自然阻碍。刘达作为驻村第一书记，当务之急就是保障村道顺利完工并完成验收。按照计划，村道宽度是4.5 米，但对于 A 村来说，却显得有点窄，因为大货车很难开进村子。于是，刘达马上找到了村支书兰木商量："支书，咱得想办法把货车通行的问题给解决了才行，不然村道修建完成就来不及了"。兰木觉得刘达这个想法的确很有道理。

刘达给出了一个建议，召集村干部先开会讨论，达成一致意见后再上报上级政府审批。当天下午，刘达召集村干部召开了村道协调会。对于紧急修改道路工程规划一事，村干部们意见不一。有人认为这是多此一举，也有人认为这将造成严重的资源浪费，甚至有人直接指出，路已经在修了，现在改建的意图究竟是什么。于是刘达给村干部举了隔壁村的例子，洛萨尔桑村（化名）在当地算是比较富裕的村子，有自己的农产品销售产业，村子里有赏花旅游基地，称得上是人们口中的"别人家的村子"。

刘达给村干部分析了洛萨尔桑村村道的概况，路况与 A 村相似，道路宽度增加不多，货车能够进村的关键是什么呢？是会车点。洛萨尔桑村在修建村道时，充分考虑了会车这一关键点，通过增加会车点的方式，灵活处理村道路况，这为之后货车进出村子留足了错车空间，节省了大量的运输时间。所以，A 村按照现行施工计划，借鉴隔壁村的方式，是完全可行的。村干部听后认为刘达的分析有道理。就这样，大家达成了一致意见。于是，刘达将修改方案上报了县政府部门，最终通过审批，使 A 村的村道又多出了 5 个会车点。

（三）通路之后的挑战

2017 年底，村道修建完工，正式通车。正当大家高兴时，新的问题出现了——村道相对柏油路来说，养护起来较为简单，主要养护工作就是清扫路面垃圾和清除障碍物，但问题是谁去清扫？怎么清扫？村里的资金极为有限，所以不可能"外包"，只能依靠村民自己。

清扫马路、保持路面畅通无阻，原本算不上什么难事，但民族地区有自己特殊的风土人情和社会环境，A 村还保留着藏族传统的生产生活方式，村民也并没有完全树立起城市社会中的现代卫生意识。加之县里资源有限，不可能专门为农村配备挖掘机清理障碍物。于是，村委召集村民全体大会讨论，但始终没有讨论出一个大家都能接受的方案。于是刘达提出一个方案，以县里开展的文明示范村评选活动为契机，一来可以完成清扫路面垃圾的工作，二来也可以借此机会使村民初步树立公共卫生意识，但村民并不接受。该怎么办呢？村干部恩波（化名）提出发放奖品作为鼓励。只要有"奔头"，村民就干得起劲儿，有了物质上的鼓励、奖励，"你争我抢"的劲头自然就上来了。奖品与其买贵的不如买村民喜欢的和实用的，比如棉被、"四件套"、毯子、洗衣粉、牙膏等。

随后，A 村的"养护路面活动"拉开了帷幕。大家四个村组划分为清扫村道的四个分队，每个分队负责一段路，各分队再抽派 1 名村民作为交叉监督员，负责监督其他分队的清扫情况，既做好自己的路面清扫工作的同时，又监督好其他路段的清扫。村委会负责给每个分队表现好的村民颁发奖品。一段时间以后，路面变得干净整洁了。如果遇到山体滑坡导致障碍物把路堵了，四个村组就联合疏通道路。后来，为了使养护村道成为一项具有可持续性的工作，同时也能够解决村里贫困户收入问题，设置了两个清洁工和一个检修员的工作岗位，清洁工平时主要负责清扫村道垃圾，检修员负责定期排查村道风险，一旦发现有山体滑坡等情况，立刻向村委会反映。村里道路修建好了，那么如何让它发挥作用，推动村子经济社会的发展呢?

四、交通建设促发展

（一）"整治工作"树规矩

道路修通了，A 村的各类事务也变得越来越多。热情好客、直爽、不拘小节，是刘达对 A 村的第一印象。但是，任何事物都有两面性，开会问题便是重要体现。刘达刚到任时，发现大家纪律意识较淡薄，开会迟到似乎是"家常便饭"。这不利于相关工作的开展，因为开会不仅是统一思想的有力保障，更是凝聚力量的关键核心。基于此，刘达开展了第一项整治工作——"蹭饭"。他先后多次到村支书、村主任和几个村组的组长家里拉家常，并在交流沟通中表达了改善村委会风气的愿望。功夫不负有心人，刘达的想法得到大部分村干部认可，因而 A 村党支部工作制度顺利通过，同时议定商讨了"迟到请客吃饭"制度，并由全体成员对该制度的实施予以监督。"迟到请客吃饭"制度实施后，以前开会不积极、参与度不高的现象有了很大改善，村干部做事积极性显著提高。

有了第一次的成功，刘达趁热打铁干起了第二件事——落实"三会一课"。在村里，党员干部对自己党员身份的认识相对模糊，觉得与普通干部没有区别。也因为如此，刘达认为更应该抓好"三会一课"制度，这不仅是党员应履行的基本义务，也是党员明确认识自己身份的有效途径。那怎样才能开好"三会一课"呢? 刘达想了一个好办法，在田间地头开起党员大会，在生产生活中上起党课。这样既不会影响大家的生产生活，也不会使得大家因忙于手头农活儿而产生抵触情绪，时间一久，大家就渐渐习惯了开党会、上党课，对于"三会一课"的认识越来越深入，"三会一课"制度慢慢地落入党员干部们的生产生活中，为大家共同参与村子的经济社会建设奠定了坚实的基础。

（二）"交通＋产业"促经济

村路修建任务基本完成后，刘达想到让党员干部在致富道路上发挥带头示范作用，根据 A 村村情来推动民族特色产业的发展，比如养藏香猪、养牦牛等。但大家积极性并不高，于是刘达亲自带领两名干部风风火火地养起了藏香猪，并成立了村里的第一个合作社——养猪社。最初村民们并不看好养猪社，一是觉得猪不好养，二是认为卖不出好价钱。但刘达认为，A 村的环境很适合散养藏香猪，喂猪的草根草茎简单易得，新鲜的红薯、玉米、秸秆等天然饲料供应充足，出栏的猪肉品质很好，再加上村道已修建完工，运输完全不成问题。在第一批猪出栏之前，刘达就联系了马尔康市、四川省的一些工地食堂和帮扶单位，并且通过自己的朋友圈积极推销藏香猪肉，第一批藏香猪的销量非常可观，在看到养猪带来的"红利"以后，村里的党员干部们也都跃跃欲试。

相关消息迅速在村内外传开，村民们开始通过各种渠道打听"哪些农牧产品在城市里卖得好"。随后，刘达立即召集了一次党员组织生活会。此次会议，大家积极响应、各抒己见，每个人都有自己的计划和想法，有想养鸡的、养兔的、种菜的……只要不破坏生态环境，刘达都鼓励大家大胆尝试。如此，村里的养鸡社、养兔社、养牛社、蔬菜种植社相继成立。A 村地处高原，与其他平原地区不同的是村里海拔高低不一，因此，在建成各合作社之前，刘达和村里干部根据各家农户的情况，根据海拔和气候温度特点，给出了不同的养殖、种植方案。

2018 年刘达到彭州参加驻村第一书记培训班。在那里，刘达看到了娃娃菜的热销，外面的商人络绎不绝地抢着收购。刘达自然不会错过这个"商机"。在培训期间，刘达与彭州娃娃菜种植户商谈，购买了第一批娃娃菜种苗，并充分利用 A 村地处高原的优势，打造"高山娃娃菜"品牌，主打错季种植，在保证供需量的同时，又能卖出好价钱。刚开始种植时，大部分种植户既担心不会有人愿意来收购，又怕因为路途较远无法将娃娃菜运输出去，因而信心不足。刘达为打消大家的顾虑，在第一批娃娃菜成熟以后，积极联系成都各个帮扶单位，还主动联系生鲜货车到村子里收购娃娃菜。自从村道通车以后，外面的生鲜车进村拉货的费用和时间成本都大大节省，越来越多的商人进村收购，村民也变得越来越有信心，精神面貌发生了巨大变化。

（三）"交通＋信息"转观念

就在 A 村的各个合作社搞得如火如荼时，刘达又开始思考一个新的问题。虽然通过联系帮扶单位来购买村里生产的农副产品，在一定程度上确实给贫困户、贫困村带来了实际帮助，帮扶单位本着帮扶的初心，不压低价格、不讲条件，村里售卖的农副产品都是照单全收，但长此以往就会导致村民和市场严重脱节，多数农户不懂市场规则，不了解市场行情，不清楚市场价格，无法形成长效的产业链。正是出于这种顾虑，刘达萌生了要帮助村里创立公司的想法。

木初是 A 村第一位返乡创业的大学生。在 2016 年大学毕业以后，学前教育专业出身的她毅然决然地回到了 A 村。回村以后，村里被闲置的土地吸引了木初。为了把这些闲置的土地盘活，同时也为了帮助 A 村村民创收，木初在村里办起了"开心农场"。"开心农场"的运营模式主要是通过每年 500 元的价格流转土地 20 亩，并以认购种植的方式对外租赁，10 平方的土地租赁 1 年只需要支付 80 元租金。"开心农场"的土地被认购种植以后，租户可以在农场相应"租位"种植自己喜爱的瓜果蔬菜，体验种植的乐趣；路途遥远的租户则可以通过遥控工具进行远程指挥种植。果不其然，木初的"开心农场"受到了城里人的青睐，"开心农场"的土地被认购种植得越来越多，为了更好地拓展"开心农场"业务，木初先后聘请了村里的 4 名贫困户，他们具有丰富的耕种经验，能够很好地管理"开心农场"。

随后，刘达找到木初，与她初步探讨了在村里创办公司的想法，两人不谋而合。于是"冰山小丫头"公司成立了。该公司属于木初个人独资所有，负责对村里的农产品进行统一收购和对外销售。比如村里的藏香猪出栏时，"冰山小丫头"公司就以市场价格与养殖户进行谈判和购买，再通过村里日渐发达的道路运输网运到城里销售。一方面，村里售出的产品质量有了保证，农户们不再只关注能不能种出来、养出来，在卖给公司的同时，也会依据公司的收购要求提高自家出产的农副产品的质量；另一方面，农户们也能够真正地主动适应市场机制，而不是一味地等别人来收购，这对村里经济持续发展起到了关键作用。在"交通＋"和"互联网＋"时代，木初没有错过电商产业这个大好时机。她在公司内部设立了电商营销部，主要拓展电商产业，通过养殖基地直播方式，让网民朋友看到原汁原味的高原生产生活原貌，感受藏民族地区的风土人情，也为 A 村开辟了一条新的经济路线。

有志者，事竟成。"冰山小丫头"公司的收益一天天见涨，木初更是荣获黑水县返乡创业大学生先进个人，成为 A 村"第一人"。面对金钱与荣誉的双丰收，木初并未迷失自我，她牢记自己返乡的初心，将自己的一部分收入用于村子的基础设施建设。"冰山小丫头"公司的所有员工都是 A 村的贫困户，她为贫困户们提供了在家就能务工的渠道，转变了村民的传统经济观念。此外，木初还设立了"小丫头公司 App"，平时利用 App 平台进行销售，方便快捷、与时俱进。木初的成功，对村里的年轻人起到了带头示范作用，他们不再只羡慕外面的世界，原来自己的家乡也很美。

（四）"交通＋教育"谋进步

以前，因村里交通不便，村民不太愿意把孩子们送下山去读书，陡峭的山路、泥泞的村道、闭塞的交通就像是一把又一把的"锁"，把孩子们"锁"在了这深山里，看不到外面的风景。再加上大部分村民家庭贫困、缺少劳动力，往往在孩子长到十岁左右，就让孩子辍学回家承担农活等。但随着经济社会的进步以及道路联通，村民与外界接触越来越多，也就愈发重视子女的教育问题。阿兰是改嫁到 A 村的藏族，她的大女儿是改嫁带过来的孩子，智力上有些缺陷，一旦送到学校，容易被同龄人歧视，孩子自己也不愿意去，阿兰心疼孩子便不再送她去上学。但这样下去也不是办法，刘达了解到这一情况后，便带着阿兰的女儿去成都做了精神鉴定，回县里办理了残疾证，每个月可以按时领取补贴。为了让阿兰女儿也能享受到平等的教育，刘达协调县教育局，向他们说明阿兰的家庭情况，请他们派附近的老师到阿兰家里去给孩子上课。

扶贫必扶智。正所谓"知识改变命运，教育引领未来"，对于贫困地区人民而言，发展教育就是在为整个地区播撒希望，有利于从根本上杜绝贫困代际传递。自从村道修成、交通便利后，村民对孩子们的教育认识有了本质上的变化，去山外不再是一件难事，去县里也方便了，孩子们的视野不再拘泥于 A 村，他们能够看到更加广阔的天地，感受世界的美妙。因此，村民愿意把孩子送去县里接受教育，条件好点的甚至把孩子们送去成都、绵阳这些大城市接受更好的教育。最重要的是，交通不再是制约孩子们接受教育的"一把锁"，四通八达的交通网变成了"一双手"，推着孩子们奔向他们的梦想。这条路不仅连起了孩子们和外面的世界，也连起了整个村子和外面的世界，孩子们通过这条路走出去，又顺着这条路走回来，他们把这里的世界带出去，把家乡和家乡的产业带出去，再把外面的世界带进来，把开阔的视野、丰富的知识、发展的机会带回来，让村里也进步起来、发展起来。

五、案例分析

（一）"路"是推动少数民族地区经济社会发展的"先行官"

黑水县是多民族地区，位于青藏高原东部，海拔约为2350米，行政区划隶属于四川省阿坝州，少数民族人口众多。黑水县藏族人口约占总人口的88.65%，羌族人口占比约0.94%，汉族人口约为10.13%，其他少数民族的比例约为0.28%。自2016年以来，交通运输部派出23名挂职干部下乡定点帮扶，同时累计安排66亿元车购税资金支持定点扶贫县公路建设，并在农产品采购、教育帮扶、技术培训、引资引智等方面为定点扶贫县提供了大量的帮助。黑水县是交通运输部定点帮扶四川省四个深度贫困县之一，其交通扶贫工作一直受到社会各界的广泛关注。

正是在这样的背景下，刘达被派遣至 A 村担任第一书记。A 村在刘达2017年9月到任前就已经在修建最后一条村道，所以刘达的主要工作是研究如何利用完善的交通基础设施帮助 A 村提升经济社会发展质量。相较其他贫困地区而言，阿坝州黑水县有其特殊性，语言不通、文化差异、气候不适应等问题都是需要克服的困难。在诸多困难和挑战面前，第一书记刘达是如何带领村民走向发展，如何从羡慕"别人的村"到成为"别人的村"？这是本案例的焦点。少数民族地区的交通建设问题涉及多个领域，需要综合考虑各方面因素。交通基础设施的完善带来的不仅是单纯的经济发展变化，还有利于促进少数民族和汉族地区之间的沟通与交流。如同达拉科格洛和哈维（Dalakoglou and Harvey，2012）所说，道路及其带来的强大"流动感"将我们带回到现代化的叙事中。交通本身即是社会的有机组成部分，是社会知识文化的体现，其本质在于交流（林晓言，2019）。此外，李维斯（Reeves，2016）认为道路是发展的象征，"路"还关乎人民的幸福感和满足感。总之，交通发展带来的影响涉及多个领域，交通是撬动贫困地区经济社会发展的杠杆，也是打开多民族社会治理格局的敲门砖。交通基础设施是社会发展网络中的中心节点，与其他节点联系紧密、互动频繁，对于整个多民族社会的发展具有不可替代的作用。

（二）"路"推动少数民族地区现代化进程

交通基础设施的建设可以通过政治、经济、文化、社会等不同层面推动权力的运转并传播特定的国家话语。佩德森和邦肯伯格（Pedersen and Bunkenborg，2012）认为"物质文明"是中国在现代化进程中创造文明社会的一种重要方式，道路由此可以被理解为一种特殊的"传递渠道"。在本案例中，与交通建设相关的政策制定、组织动员、经济发展、文化观念更新等均能体现国家意志。

交通建设在推动经济发展的同时，也具有非常重要的象征意义，是国家权力和国家意志的表达。从经济时空场域与可达性的关系看，网络的连通性与可靠性对应着场域的性质、结构与范围，位置的可接近性和行为主体的沟通程度对应着场域中具体位置的场强（荣朝和，2016）。交通的完善提升了少数民族欠发达地区位置的可接近性，也加强了少数民族主体与外界其他经济行为主体的沟通程度，是统一多民族国家的重要象征。当然，以公共资源为核心的工程建设也是一种国家政治的必然产物，它不仅是国家行使公共权力的体现，也具有为国家合法性辩护的重要功能（张云龙，2019）。另外，对于现代民族国家而言，领土空间本身即是国家权力的重要组成部分（周光辉、李虎，2016），修建道路是形塑国家认同的特殊方式，特别是在边疆民族地区，也构成了国家意志与国家权力形成的基础性条件。

总之，少数民族地区的交通基础建设不仅是经济问题，还是一个重要的政治、社会、文化议题。"路"不仅打通了物理、地理空间的阻隔，也打通了社会结构和情感的阻隔。作为一种表征发展与进步的符号，"路"对于多民族国家的政治、文化和社会整合具有特殊意义（王浩宇、汤庆园，2019）。在少数民族地区交通建设助力经济社会发展过程中，由"交通＋"及其相关效应推动的少数民族现代化进程，既是一个民族融合发展的进程，也是一个多民族国家时空格局不断发生变化的历史进程，有利于民族地区的政治团结与中华民族共同体凝聚力的不断提升。

（三）"路"为多民族地区社会治理带来的挑战

交通基础设施的建设仅仅是推动多民族地区经济社会发展的重要客观条件。未来，如何通过"路"真正地推动少数民族地区高质量发展，目前仍然面临着一些挑战和难题。一是如何解决后续养路护路问题。民族地区的交通修建只是起点，后期的道路养护才是发展重点，而县级财政十分有限，如何将政府、市场与社会的力量有机结合起来，为民族地区的养路护路贡献力量，是考验政府协同治理能力的重要一环。二是如何解决长效脱贫问题。金戈（2012）通过定量研究指出，要想加强推动地区经济增长只依赖于基础设施投资是不够的，特别是快速的建设基础设施很可能导致生产率低下。张学良（2012）也认为，交通基础设施作为社会建设的初始资本，需要在与其他因素达成良好配合的情况下才能充分发挥促进经济增长的作用，所以简单地依靠交通基础设施拉动少数民族地区发展并不是长久之计，未来还需要进一步思考如何通过交通建设真正实现长效脱贫，防止返贫问题的出现。三是虽然交通基础设施的建设为少数民族与汉族的融合发展创造了有利条件，但在这一过程中，少数民族自身的优良传统文化也面临着传承与转型发展的压力，而这些恰好是少数民族地区发展特色产业的独特条件，在交通网络日渐发达的现代社会中，如何真正达成"美美与共"的发展格局，对于政府治理而言仍然是一个不小的挑战。

思考题

1. 有关交通建设与区域经济发展的因果关系研究至今仍存在争议，但即便如此，为什么"路"对于少数民族地区发展而言仍然是最基础、最核心的条件？

2. 交通建设如何对民族地区的社会观念产生作用和影响？

3. 未来少数民族地区的养路护路工作可能面临哪些具体的困难和挑战？又该如何解决？

参考文献

[1] 林晓言. 基于时间价值的中国高速轨道交通发展时机研究 [J]. 北京交通大学学报（社会科学版），2019，18（2）：23 – 35.

[2] 荣朝和. 关于经济学时间概念及经济时空分析框架的思考 [J]. 北京交通大学学报（社会科学版），2016，15（3）：1 – 15.

[3] 张云龙. 论工程的政治品性 [J]. 浙江社会科学，2019，（3）：83 – 89.

[4] 周光辉，李虎. 领土认同：国家认同的基础——构建一种更完备的国家认同理论 [J]. 中国社会科学，2016，（7）：46 – 64.

[5] 王浩宇，汤庆园. 1949 年后少数民族地区交通发展与中华民族共同体构建 [J]. 云南民族大学学报（哲学社会科学版），2019，36（4）：5 – 12.

[6] 金戈. 中国基础设施资本存量估算 [J]. 经济研究，2012，47

（4）：4 - 14.

［7］张学良. 中国交通基础设施促进了区域经济增长吗——兼论交通基础设施的空间溢出效应［J］. 中国社会科学，2012，（3）：60 - 77.

［8］Dimitris Dalakoglou, Penny Harvey. Roadsand Anthropology：Ethnographic Perspectives on Space, Time and （Im） Mobility ［J］. Mobilities, 2012, 7 （4）：459 - 465.

［9］Madeleine Reeves. Infrastructural Hope：Anticipating 'Independent Roads' and Territorial Integrity in Southern Kyrgyzstan ［J］. Ethnos, 2016, 82 （4）：711 - 737.

［10］Morten A. Pedersen, Mikkel Bunkenborg. Roads that Separate：Sino - Mongolian Relations in the Inner Asian Desert ［J］. Mobilities, 2012, 7 （4）：555 - 569.

第二部分　案例使用说明

一、课前准备

1. 课前提前一周将案例正文发放给学生，要求熟悉相关内容。

2. 将思考题布置给学生，将学生分成若干小组，每个小组负责一道思考题，课前进行讨论，收集相关资料，做好课上分组讨论的准备。

二、适用对象

本案例适用于公共管理硕士（MPA）"交通与政策前沿"和公共事业管理本科"公共政策分析""公共管理学"等课程的学习。

三、教学目标

本案例结合第一手调查资料，以四川省阿坝州黑水县 A 村（化名）为例，就交通建设促进民族地区脱贫攻坚、推动民族地区经济社会发展的相关问题进行了分析。通过本案例的学习和分析，使学生了解交通建设在促进少数民族地区脱贫攻坚方面的特殊作用和重要意义，了解交通作为经济社会发展的"先行官"如何对当地的产业发展、观念更新、交流互动等产生作用，并认识到交通建设作为一把"双刃剑"也可能对今后民族地区的社会治理带来一些困难和挑战，如本案例中所提到的高原山地养路护路问题等。本案例旨在培养学生运用理论思考和解决实际问题的能力，提升学生全面认识和客观分析民族地区的交通发展及其相关理论与现实问题的能力。

四、教学内容及要点分析

（一）案例涉及的理论与要点

新公共服务理论

A 村第一书记刘达等基层干部以公共利益为目标，以"服务"为态度，以人为焦点的思想体现了公共服务精神。民族地区的交通建设是推进脱贫攻坚的重中之重，在这一过程中需要以社会公共利益为核心，为铸牢中华民族共同体意识奠定基础。定点帮扶阿坝州黑水县的相关政策以及村干部们所做的具体工作均围绕公平、公开、公正展开，以公共利益为前提。另外，政府职能是服务不是掌舵，只有履行好服务职责，为村民办实事才能得到尊重和理解，后续相关工作才能顺利开展。新公共服务理论强调重视人而非效率，在本案例中，即强调以村民的幸福感、满足感为前提，尽可能帮助村民解决生计问题、生活问题、教育问题、技能问题等。特别是少数民族地区的政策制定和执行，需要关注政策过程中少数民族群众的感受，关注少数民族所处传统社会文化环境的变化，用最合适的方式推动民族地区由传统向现代的平稳转型。

（二）案例思考题分析要点

1. 有关交通建设与区域经济发展的因果关系研究至今仍存在争议，但即便如此，为什么"路"对于少数民族地区发展而言仍然是最基础、最核心的条件？

交通建设对于区域经济发展的影响本身即是一个复杂的问题，相关研究确实存在结论不一致甚至是对立的情况。相关研究成果差异较大，主要是由于社会变迁与经济发展的关系、交通建设与城市格局的关系，乃至交通行业自身都呈现出新的发展规律。同时，交通经济效益的显现具有一定的滞后性特征，而影响区域经济增长的因素又是多维度的，经济发展可能是国内政策、国际关系和商品市场等诸多要素之间协调作用的结果。正是从这个意义上看，交通基础设施的修建也可能是实现区域经济增长的必要前提，而不是充分条件（张学良，2012）。因此，学者们基于不同的研究路径和研究目的对相关问题进行分析则会产生不同的研究认识，甚至是对立的研究结论。不管怎样，对于少数民族地区而言，即使道路的修建无法实现传统意义上的"盈利"，但从长远来看，通过道路修建打破少数民族地区长久以来所存在的发展瓶颈，使其特色资源、环境、文化优势得以充分挖掘和利用，才是交通建设对中国作为多民族国家发展的核心贡献。

2. 交通建设如何对民族地区的社会观念产生作用和影响？

尽管交通建设并没有改变区域或城市之间的自然地理距离，但可达性的提升有助于降低运输成本，从而进一步降低运输网络的平均路径边长，强化运输网络效应，进而产生网络效应与各城市经济增长的循环因果关系（李煜伟、倪鹏飞，2013）。在这一过程中，交通建设为民族地区的社会生活创造了一种恒常而密集的流动形式，并以"时空压缩"的方式将个体与社会结构中的诸多维度联系在一起，赋予人们一种现代性的时空观念（王浩宇、汤庆园，2019）。而在传统社会中，空间与地方总是一致的，因为对于大多数人来说，社会生活的空间维度都是受"在场"的支配，即地域性活动支配的（吉登斯，2011）。在区域可达性不断提升的同时，频繁的人员、贸易、文化往来，也极大程度地缩短了各民族成员之间的心理距离，使中华民族共同体成员共同生活在一个既熟悉又陌生的社会环境之中。由此，人们与国家的"互动"变得更为频繁，与国家的"联通"方式也更为多样，其不仅表现为人员、观念和商品的流动，也意味着民族国家与国家民族凝聚力的持续提升，这对于推动少数民族地区治理体系和治理能力现代化具有重要作用，是维护社会长治久安和促进经济社会持续发展的关键因素。

3. 未来少数民族地区的养路护路工作可能面临哪些具体的困难和挑战？又该如何解决？

对于大部分少数民族地区而言，交通项目平均造价为内地平原地区的2倍左右，部分区域地质灾害频发，道路容易受到损害，与平原地区相比，养护经费需求更大。另外，目前少数民族地区的产业基础薄弱，特色经济的发展还较为滞后，财政收入来源十分有限，公共支出面临较大的压力。一些群众养路护路的观念也较为薄弱，人们更多关心的是道路是否开通，较少关心道路是否需要养护，因此，受到某些自然与社会因素的影响，这也可能导致养路护路成本的增加。未来，应积极通过拓宽多元化资金来源渠道，充分发挥群众主人翁作用，完善民族地区道路养护管理制度，提升道路养护数字化水平等，加快建立少数民族地区道路管养协同机制，推动少数民族地区交通运输事业的高质量发展，这也是在推进乡村振兴过程中为进一步铸牢中华民族共同体意识提供坚实的客观条件。

五、教学安排

本案例可以作为专门的案例讨论课来进行。按照时间进度，建议课堂计划做如下安排：

1. 案例介绍（15分钟）

A村的发展做简要介绍，重点说明交通建设是如何促进当地经济社会发展的；明确教学目的、讨论主题以及课堂计划和时间安排。

2. 第一阶段课堂讨论（30 分钟）

按照 3 道思考题的顺序要求，把课堂讨论过程分为 3 个小节，每小节 10 分钟，依次在 PPT 上打出讨论问题，由各小组派 1 名同学进行陈述，其他同学补充。

3. 启发点评（15 分钟）

进行思考题的理论依据、解析思路的探讨，教师可根据教学要求，简单介绍本案例中涉及的相关理论，并进行思考题解答分析。

4. 第二阶段课堂讨论和总结（20 分钟）

在教师启发点评的基础上，引导学生进一步课堂讨论，并进行归纳总结。

六、参考文献

［1］荣朝和．关于经济学时间概念及经济时空分析框架的思考［J］.北京交通大学学报（社会科学版），2016，15（3）：1－15.

［2］张勋，王旭，万广华，等．交通基础设施促进经济增长的一个综合框架［J］.经济研究，2018，53（1）：50－64.

［3］王浩宇，汤庆园．民族地区高铁建设研究评述——兼论边疆交通建设的"政治优先"［J］.北京交通大学学报（社会科学版），2021，20（3）：71－79.

［4］安东尼·吉登斯．民族——国家与暴力［M］.胡宗泽、赵力涛，译．北京：生活·读书·新知三联书店，1998：63.

［5］王鹏辉．再观"边疆中国"：近年来国内边疆研究的前沿评述［J］.学术月刊，2017，49（12）：172－179.

［6］周平．国家视阈里的中国边疆观念［J］.政治学研究，2012，（2）：62－72.

［7］张学良．中国交通基础设施促进了区域经济增长吗——兼论交通基础设施的空间溢出效应［J］.中国社会科学，2012，（3）：60－77.

［8］李煜伟，倪鹏飞．外部性、运输网络与城市群经济增长［J］.中

国社会科学, 2013, (3): 22 - 42.

[9] 王浩宇, 汤庆园. 新疆交通现代化进程与中华民族共同体意识培育 [J]. 新疆大学学报 (哲学·人文社会科学版), 2019, 47 (1): 71 - 78.

[10] 安东尼·吉登斯. 现代性的后果 [M]. 田禾, 译. 南京: 译林出版社, 2011: 16.

案例六　新能源公交车充电困局与破解之路

——从 C 市 J 公交站的适电改造说起[①]

李东坤　李新宇　陈晓琴[*]

摘　要：在我国"碳达峰碳中和"政策背景下，发展改革委、交通运输部等部委陆续出台政策与指导意见，对各省（市）新购置公交车中电动公交车占比作出规定。为响应国家号召，包括 C 市在内的大中型城市均加速投放电动公交车，短时间内电动公交车数量呈爆发式增长。因受土地资源、城市规划、地理区位、电容载荷等因素限制，新场站"增量扩张"式的公交车充电配套设施建设明显滞后、进展缓慢，公交场站充电设施供需矛盾日益突出，严重制约了电动公交车的正常运营。为解决这一矛盾，在老场站的"存量优化"上下功夫，成为缓解当前电动公交车充电难题的最重要路径之一。但老场站的适"电"改造并非坦途。本文以 C 市 J 公交枢纽站为例，聚焦考察老场站电动公交车充电设施改造过程中面临的多重困境，借助公共管理学相关理论思考并厘清其内在根源，寻求老场站破解电动公交车充电难题的

---

①　本案例内容与写作得到了西南交通大学公共管理学院 MPA 研究生周啸华和田定坤同学的大力支持，他们为案例的深化与最终定稿提供了良好意见和工作支持。

*　李东坤：西南交通大学公共管理学院；李新宇：崇州市综合行政执法局；陈晓琴：西南交通大学公共管理学院。

对策与路径，以更好保障"双碳"目标下城市电动公交车的高效运营。

关键词：老场站；电动公交车；充电困境；场站改造

第一部分　案　例　正　文

一、引言

在"双碳"目标推动与一系列政策支持下，新能源汽车成为当前机动车领域发展的重要方向。在政策推动前期，为了更好展示电动车辆的优势、逐步达成环保目标，公交车电动化成为新能源汽车示范应用领域的先行者。但伴随而来的问题是，公交车充电桩如何建设？与其他社会车辆不同，公交车具有固定线路和专用停车场，其车身长、转弯半径大，这些特征使得公交车充电桩具有一定程度的专用性。由于土地规划、地理区位、电容载荷等因素限制，除了加快新场站的建设，推动老场站的改造升级成为另一种重要方式。由于老场站事先并未为"适电"改造预留足够条件，因此在改造过程中，老场站面临重重困境，并交织着地方政府、国有企业、民营企业等多方主体的协作、博弈与憧憬。伴随新能源公交车加速替换，老场站的改造正如火如荼进行，更多老场站的"适电"改造困境不断在各城市上演。关注并呈现其困境所在、探究其中的公共管理政策内涵正变得愈加重要。为此，本文以C市最大的J公交枢纽站改造全过程为例，展现老场站"适电"改造这一新兴事物所面临的具体困境以及地方政府、国有企业与民营企业的互动博弈协作。

二、旧貌换新颜，J客车站的第一次改造

J客车站（以下简称"J公交站"或"J公交枢纽站"）作为位于C市

城西的主要客运站，主要开行的客运班线以 C 市西向为主，依托 CWQ 高速向外辐射。但由于 J 客车站客流量较大，进出的客运车辆较多，其周边区域成为 C 市出名的"堵点"。

沿着青羊大道拐入，就能看到标着"J 客车站"字样的大楼，车站大厅出入口人来人往。他们是背包打伞的游客，牵着孩子的妇人，站在门口就能听到喇叭里的吆喝"各位旅客请注意，大包小包请安检"；大楼旁的出站口客车接连不断地驶出，汇入川流不息的车流。但是，车站的繁忙却让周边市民郁闷丛生。王阿姨是清江中路的老住户，她表示"车站这边好脏哦，满地都是旅客丢弃的垃圾，广告单、烟头、纸杯、塑料袋等满地都是。"除了垃圾的问题，噪声也令周围居民头疼，刘大叔说"每天发那么多车，噪声太大"。虽然大家之前听到过几次车站搬迁的消息，但最后都不了了之。

时间来到了 2013 年，根据 C 市城市总体规划和市交委关于中心城区汽车客运站布局优化调整的要求，建成于 1997 年的 J 客车站于 2013 年 4 月 23 日正式关闭。所有城际班车线路全部搬迁至隔壁 C 车站。原本喧闹、人流如织的车站，从此安静得出奇。自此，J 客车站迎来了它的第一次让人们充满无数憧憬的改造。

（一）公交车站变身公交枢纽站

关闭后的 J 客车站并不实施搬迁。根据 C 市规划，J 客车站会通过整体打造的方式升级成为可以容纳 200 台 BRT 快速公交车和 100 台常规公交车停放的"公交场站综合体"。根据规划，未来在这个综合体内公交车不仅可以发班、停车，还将有一些配套商业；市民可以实现 BRT 快速公交与常规公交、出租车、地铁的无缝换乘。而最大的变化是，原址将建设高 6 层的停车楼并接入二环快速路系统。届时，J 客车站将变身为 J 公交枢纽站，并成为二环路快速公交的首末站，承担快速公交车辆停车、维修等功能。改造项目于 2013 年 9 月动工修建，总投资约 4.98 亿元，总用地面积为 36479.95 平方米。J 客车站将打造成为成都市最大的公交枢纽综合体。

（二）传统单层场站变为多层立体场站

2014 年 C 市将 J 公交枢纽综合体项目列入重大民生工程，它也是二环路快速公交系统的配套工程。在建设过程中，通过创新化设计，将车站平铺式布局模式转换为多层立体布局。

从当时发布的规划图可见，新建的停车楼分为地上6层和地下2层，地下2层用作公共停车场，地上6层都作为公交车停车场，其中BRT快速公交停放在4~6层，可以直接通过引桥驶入二环路。这种多层立体的场站设计，形成了高架、地面、地铁三者无缝换乘的立体空间综合布局。建成后，乘客可在综合楼第一层、第二层换乘常规公交路线；在第五层换乘BRT快速公交；同时在综合楼负一层可换乘地铁4号线与7号线。这种多层立体的设计提高了土地利用率，缓解了公交场站用地紧张难题，并提升了沿线的产业价值。

对于即将建成的J公交枢纽站，附近居民表示既憧憬又担心。他们说，憧憬是因为建成之后给大家带来了便利，"出门就能坐地铁和快速公交，改善了堵车问题。"同时，他们也认为，新的停车楼十分"高大上"，希望能够加强管理，避免停车楼的人流量和车流量增多后，重蹈J客车站的覆辙。

时间来到2015年8月1日，已经旧貌换新颜的J公交枢纽站终于迎来了开业的一天。至此，C市最大的公交枢纽站升级完成。

三、政策频出，J客车站面临第二次改造

然而就在J公交枢纽站紧锣密鼓地建设之际，时代变革的脚步正悄悄走来。

（一）国家政策指方向，新能源公交浪潮来

随着环保问题的日益凸显和对能源结构安全的日趋重视，中国开始推行用新能源汽车替代传统燃油车辆的政策。自2006年以来，国务院陆续出台了《国务院关于加强节能工作的决定》《国务院关于印发节能减排综合性工作方案的通知》《国务院关于进一步加强节油节电工作的通知》等一系列文件，鼓励使用低油耗节能环保型汽车和清洁能源汽车。随即，按照

国务院关于"节能减排""加强节油节电工作"的战略决策精神，2009年财政部、科技部等部门联合发布《关于开展节能与新能源汽车示范推广试点工作的通知》，决定在13个大城市开展节能与新能源汽车示范推广试点工作，并通过财政政策鼓励在公交、出租、公务、环卫和邮政等公共服务领域率先推广使用节能与新能源汽车。2013年，财政部、科技部、工业和信息化部、发展改革委四部委联合发布的《关于继续开展新能源汽车推广应用工作的通知》指出，继续依托城市尤其是特大城市推广应用新能源汽车，重点在京津冀、长三角、珠三角等细颗粒物治理任务较重的区域，选择积极性较高的特大城市或城市群实施。

由于在S省能源结构中，天然气的探明储量和开采量均位居全国第一，且C市政府早年为响应国务院下发的《国务院关于加强节能工作的决定》文件精神，率先在公交领域推行用天然气代替汽油作燃料的改革，取得了显著的进展，所以彼时C市公交领域节能减排的压力较小，运营成本也比较低，因此在J公交枢纽站升级改造时C市暂无投放电动公交车的计划，这也直接导致2013年J公交枢纽站改造升级时并未建设电动公交车充电配套设施。

2014年，正当J公交枢纽站改造如火如荼之时，国务院发布的《关于加快新能源汽车推广应用的指导意见》为新能源汽车推广应用指明了方向和具体思路，更明确提出要推动公共服务领域率先推广应用新能源汽车，并在公交车、出租车等城市客运领域加大新能源汽车推广应用力度。

随后，2015年财政部联合相关部委相继发布了《关于2016—2020年新能源汽车推广应用财政支持政策的通知》《关于完善城市公交车成品油价格补助政策加快新能源汽车推广应用的通知》，上述文件明确了继续实施新能源汽车推广应用补助政策，同时规定S省2015～2019年新增及更换的公交车中新能源公交车比重应分别达到10%、15%、20%、25%和30%。达到上述推广比例要求的，涨价补助按照政策调整后的标准全额拨付；未能达到上述推广比例要求的，扣减当年应拨涨价补助数额的20%；同时对纳入工业和信息化部"新能源汽车推广应用工程推荐车型目录"、年运营里程不低于3万公里（含3万公里）的新能源公交车以及非插电式混合动力公交车，按照其实际推广数量给予运营补助。这些规定明确了新能源汽车在公共领域的发展方向。

与此同时，交通运输部为加快推进新能源汽车在交通运输行业的推广应用，在 2015 年出台了《交通运输部关于加快推进新能源汽车在交通运输行业推广应用的实施意见》，明确提出公交都市创建城市的新增或更新城市公交车、出租汽车和城市物流配送车辆中，新能源汽车比例不低于30％；至 2020 年，新能源城市公交车达到 20 万辆的目标要求。

2016 年，财政部、科技部、工业和信息化部、发展改革委等四部委发布的《关于调整新能源汽车推广应用财政补贴政策的通知》重点明确了地方政府是实施配套政策、组织推广工作的责任主体。地方政府要承担新能源汽车推广应用主体责任，明确本地新能源汽车推广牵头部门，切实做好新能源汽车推广组织实施工作。

随着国家层面政策逐渐明朗，全国范围内新能源汽车发展轰轰烈烈地展开。根据交通运输部数据，2016 年全国范围内公共汽车 60.86 万辆，其中纯电动公交车 9.5 万辆，占比达 15.6％。在公共出行领域，新能源公交车大发展的浪潮到来了。

（二）地方政策增支持，电动改造上日程

在国家强有力的政策引导下，地方政府积极出台政策助推新能源公交车发展。2015 年，S 省财政厅、经信委、交通运输厅联合印发了《关于完善我省城市公交车成品油价格补助政策加快新能源汽车推广应用有关事项的通知》，明确了在 2015～2019 年 S 省将逐年降低对传统燃油公交车的油价补助，同时将各市（州）、扩权试点县（市）新增及更换的公交车中新能源公交车比重和涨价补助挂钩。

为了贯彻落实国家和省政府的政策要求，C 市政府及其相关部门也相继出台一系列政策鼓励新能源汽车的推广。简单来说主要分为两个方面：一是下任务。《C 市人民政府关于促进经济稳中求进的若干意见》鼓励公交、环卫等公共服务领域积极采购新能源汽车；《C 市促进五大高端成长型产业发展的若干专项政策》确定了新能源汽车产业专项政策，鼓励加快新

能源汽车在公交、出租、城市管理、旅游观光、环卫等领域的应用。二是增支持。《C市支持新能源汽车推广应用的若干政策》进一步明确了C市关于新能源汽车购置的财政补贴，在中央财政补贴的基础上，对在C市公安车辆管理部门注册登记的新能源汽车新车，按中央财政单车补贴额的50%给予市级配套补贴。

地方政府政策的出台，归根结底需要落实到具体的实施主体上去。作为C市国有资产监督管理委员会100%控股的国有企业，处于公共服务领域中的C市公交集团义不容辞地成为新能源公交车推广应用的核心主体和政策落实主体。在此情况下，C市公交集团结合公交运营状况和本地的政策导向，计划用纯电动公交车淘汰老旧公交车，并确定了在2018年投放2000余辆纯电动公交车的目标。而2015年才旧貌换新颜的J公交枢纽站则被选为第一批新能源公交车投放站之一。

问题也随之而来。由于在第一次改造过程中，J公交枢纽站的设计方案中并未预留纯电动公交车充电配套设施，现在如何来满足电动公交车的充电需求呢？同时，为了推动电动公交车的快速发展，C市按照"公交车开到哪里，充电设施就要布设到哪里"的原则，设定了建设"点多面散，蜂窝状分布"的高均匀性和高可靠性充电网络体系的目标，并要求全市现有公交场站必须按比例配建一定数量的充电桩。于是，J公交枢纽站的第二次改造——"适电"改造提上了日程。

四、老站嵌入"新"动力，充电设施建设难

"本来以为这个场站修得很完美了，没想到这么快就面临着改造"，J公交枢纽站一名工作了五年的工作人员说道。J公交枢纽站停车楼2015年才建成使用，设计理念先进，在常规公交时代一枝独秀，但是为了迎接电动化公交浪潮的到来，J公交枢纽站的"适电"改造又开始了。由于最初没有规划充电功能，场站墙体强度设计未考虑承载变压器，场站的格局不利于通风散热，场站的地理位置不便找到可靠的电源，这些先天缺陷都给改造工作带来了技术上的难题。

（一）充电桩建设耗费场站停车空间

C 市公交集团成立了专门的充电站项目筹备组，开始对 J 公交枢纽站改造项目进行论证调研。经市场调研发现，目前电动车充电终端通常选用枪式充电桩，这种充电终端由充电枪和基座组成，安装有 1~2 个外形类似加油枪的电枪，使用时插入电动车的充电接口充电，既方便又安全，但它的突出缺点就是这种充电终端必须安装在地面上，会占用停车场面积。筹备组选择了几家市场上具有成功经验的承建商，由他们派出技术专家现场勘查后拿出设计方案，经比较后发现，所有方案无一例外地会占用大量的停车位。经估计，如果安装充电桩，现有的停车位数量至少要减少 1/4。

J 公交枢纽站是环绕二环路的两条快速公交线路的首末站，同时兼有周边小线路的停车作用，每天要容纳四百多辆公交车的停放，随着城市的发展未来还有可能安排更多的线路班车入驻，因此对于减少停车位数量的改造方案是无法接受的。"未来还会有更多的公交车进驻这个场站，我们必须保留足够数量的停车位，留给充电桩的建设空间不多"，场站负责人说。

（二）变压器布局难

面对困难的不止充电终端的规划，场站还需要合理设计变压器的安装方案。"要用充电桩，必须要有变压器，这样才能把从外面接入的高压电转化为低压电使用，而安装变压器，我们遇到的主要是墙体承重问题"，J 公交枢纽站负责人如是说。根据他们的前期论证，为满足入驻公交车全部替换为电动车的需要，枢纽站整体的用电规模较高，变电装置的负荷将达到 12800 千伏安，这意味着变压器的数量和体积都更大。如果将变压器放入停车楼内，不仅占用场站空间，还面临安全隐患；如果放在楼顶，又会非常考验停车楼顶层承重能力，还要思考如何将这些"大块头"设备运送到楼顶以及在楼顶安装时如何分布更安全等一系列问题。

（三）变电站负荷超载，供电配网承受不住

2017 年 C 市签订了 2000 台快充型电动公交的租购协议，计划等待充

电设施条件满足后陆续投入使用。"当时采购的电动公交车主要是采用钛酸锂电池的快充型车辆，安全性高，发生次生灾害事故率极低，且电池充电速度快，电池衰减慢，车辆一次充电续航40~60公里，每天需要充电3~5次"，C市公交集团技术部工作人员介绍道。由于快充车型续航里程短，充一次电只能跑两个来回，所以白天需要多次充电，且必须用大功率充电桩短时间内补足1~2个来回的续航。这种集中快速、大规模的充电方式非常考验电网的承载能力。

更为麻烦的是，由于J公交枢纽站地处城区，当初规划建设时没有考虑到场站的用电需求。离场站最近的变电站几乎在满负荷运转，根本没有余力为J公交枢纽站提供这么大功率的电能。如果满足了他们的要求，周围的居民和企业可能就将面临缺电问题。

五、引入市场主体，多方协力助推"适电"改造初步完成

面对上述种种问题，C市公交集团公司无法依靠自身力量解决，政府部门可以提供资金和政策支持，但无法帮助解决技术困难。最终，他们决定通过招标投标方式引入充电桩运营市场比较有竞争力的民营企业——甲公司，作为其电动公交车配套充电设施建设承揽商。

"这几年全国都在推广电动公交车，市场上有很多企业在做这个生意，但必须要真正有实力的企业才能更好解决我们面临的困难"，C市公交集团负责招标的工作人员说，"这个项目和甲公司合作我们还是放心的。我们考察了解到该公司的智能充电系统有世界领先的技术，并且有丰富的场站建设经验。"

通过招标，甲公司承担起J公交枢纽站充电站建设项目。项目建设采用BOT模式，即由甲公司建设－运营7.8年后无偿移交给C市公交集团。在甲公司运营阶段，C市公交集团支付平台使用费（主要是充电的费用，电费计算的标准为居民用电电价基础上浮0.59元，即波峰电价为1.09元/度；波谷电价为0.79元/度）。协议达成后，甲公司针对J公交枢纽站项目遇到的困难逐一提出解决方案。

（一）创新设计避免车位改动

为了解决充电桩占用停车位的问题，甲公司创新采用了全国首例的下压式弓形充电桩，充电器直接吊在天花板，公交车顶上安装对应接收器，司机可以在车上一键式启动充电，充电装置自动下降与车顶装置连接，充电功率更大并且完全不占用地面空间，使场站集约利用达到最大化，项目最终建设了32套吊顶充电弓。为保障充电枪基座不占用公交停车位，设计单位巧妙地将28个双枪充电终端设置在承重柱之间，这样既不占用停车位，也便于公交车停车充电。

（二）多方协力，专线接入保障电源

解决了充电弓如何布局的问题，接下来就要解决场站附近无可用变电站供电的问题。甲公司与C市公交集团经过多次对接与设计方案碰撞，最终达成向车站接入专线电源的方案。但这一方案涉及政府部门和其他国有企业，非C市公交集团和甲公司两方可推进。为此，C市公交集团多次与市经信委沟通，在市经信委的主持与协调之下，C市公交集团、甲公司与供电公司等相关单位形成一致意见，最终研究决定由供电公司对距离该充电站最近的已"不堪重负"的110千伏变电站进行负荷改接，腾出负荷容量专门供应J公交枢纽站。而且为了更加有利于场站充电设施建设，避免配网容量影响场站用电，供电公司为J公交站免费安排了3支施工队，铺设3.8千米长的10千伏电力电缆专线接入场站。在政府部门协调、国有企业与民营企业通力合作下，J公交枢纽站形成了充足的电力供应保障。

（三）多方合力落成变压器

解决了供电问题，接下来仍需突破大容量变压器布局难题。考虑到场站墙体承重能力不足，甲公司与C市公交集团会同J公交枢纽站的设计单位进行协同规划。根据场站用电需求，在停车楼结构无法调整的情况下，结合承重设计，最终选择采用高低压分离的设计方案，即先在楼顶安装16台800千伏安的高压变电器，将10千伏电缆专线传输的高压电在这里转换

为低压电后输入楼内，再利用停车楼 4 楼和 6 楼柱子之间的空隙布设低压变电器，将低压电转换为直流电提供给充电终端，成功实现了墙体承重范围内不占用场地面积的布设变压器方式，这也是国内首创。值得一提的是，想要将这 16 台"大块头"运送到 40 多米高的楼顶是十分困难的，此前在国内尚无先例可循。最终，在 C 市公交集团与甲公司以及当地街道办和城管、交管等单位的共同努力下，调集重型吊车一夜之间将 16 台变压器吊装到楼顶，为后续的安装铺平了道路。

在经过充电设备升级改造后，J 公交枢纽站形成双电源供电保障。2017 年底场站备用电源建成通电，装机容量 4800 千伏安；2018 年主供电源通电，装机容量 12800 千伏安。主要为 K1、K2 路 270 台 18 米纯电动快速公交提供充电服务，其次还辐射周边线路 6.8 米、10.2 米车型，可满足 360 台公交车的充电需求。至此，J 公交枢纽站的"适电"改造初步完成，充电设施建设基本满足需求。

六、一波又起，新矛盾接踵而至

J 公交枢纽站的"适电"改造虽然初步满足了现有电动公交车的充电需求，但在实际运营过程中，新的问题又出现了。

（一）高峰期扎堆充电，导致充电拥堵

如前所述，J 公交枢纽站的电动公交车都属于钛酸锂快充型公交车，这种电动公交车的优势明显，但缺点也十分突出。其中最为重要的是，这类公交车的续航里程较短、相比同等规格燃油公交车的运力较小、配套充电设施建设局限性大。在调研过程中，很多司机对车辆续航里程的问题表示不满。公交车司机兰师傅说："这个车充一次能跑三四十公里，基本上我跑完一趟就要去充电。平常还好，如果碰到早晚高峰期，车站发出的车很多，等跑完高峰期，大家都要去充电，排队的时间长，很不方便。"J 公交枢纽站负责人也表示："早晚高峰期间，我们的发车密度大，但现有的电动公交车跑一二趟就要去充电。所以在上午 10 点左右大量公交车要集中

充电，排队都到了二环路上，阻塞交通还降低了运营效率。"

C市公交集团希望甲公司加快充电桩建设，以缓解J公交枢纽站的充电压力。但甲公司负责人表示这种充电拥堵主要属于结构性问题，是无序充电导致的。从他们掌握的系统后台数据来看，除了高峰期，J公交枢纽站的充电桩大多数时间处于充裕状态；从充电使用效率来看，很多时候场站内公交车的充电规模远低于电能供给能力，使用效率比较低。甲公司一负责人表示"充电桩建设要看整体充电网的布局。我们当前是根据现有充电桩（站）的热点图，同时结合充电站距离、利用率等因素综合考量充电站建设区域和规模的。如果只看高峰期的无序充电状况，那么建再多的充电桩也不够"。他还指出："我们公司目前正在给公交集团做一个智能化调度系统，用系统决定车辆什么时候去充，去哪里充，充多久最划算，达到错峰充电、有序充电的目的，充分利用好电力资源。"

（二）场站运营成本高企

根据公交客流状况与车辆排班安排，公交车白天的发车频率更高，因此车辆的充电时间大多集中在白天。根据公交集团负责人的说法，当前C市实行波峰、平谷、波谷阶梯电价，由于大多数公交车在白天充电，所以目前他们充电的电价基数多使用的是波峰电价和平谷电价。"而且，由于充电桩建设使用BOT模式，C市公交集团支付的平台费主要为充电费用。在计算方式上，充电电价标准为居民用电电价基础上浮0.59元，即波峰电价达到了1.09元/度，即使是波谷电价也达到了0.79元/度，大大提升了场站的运营成本。"甲公司则表示，协议的电价价格确实比较高，但他们需要负责充电桩建设与维护的所有开支，投资规模很大。再加上当前C市公交车充电桩的使用效率并不是很高，甲公司也面临较大的经营压力。甲公司负责人还提出，公交线路在不断调整，而且预先与公司缺乏充分沟通。有些充电场站刚建好，线路就被取消了，那么这个充电场站可能就无法发挥作用。线路调整容易，但充电站一旦建好就是固定资产，无法随意挪动，容易造成投资浪费的问题。

（三）场站后续盈利难

C市也出台了诸多政策来支持新能源充电桩建设，公交场站大多处于市内比较好的位置，如果能够将公交充电桩面向社会开放，不仅将大大提升C市整体的充电桩供应能力，还将为公交场站运营提供良好的盈利点。但是，J公交枢纽站负责人指出："目前J公交枢纽站的充电桩主要建在车站停车楼内，由于J公交枢纽站内承担着公交车停车、清洗、保养等一系列功能，这些充电设备难以对社会车辆开放。后续甲公司将充电设备移交给我们后，这些充电设备的使用效率难以有效提升，盈利难。"甲公司也承认J公交枢纽站几乎封闭式的建设管理方式，会影响后续对外开放，需要探索新的路径提升车站充电桩使用效率。

在调研过程中，C市公交集团和甲公司都指出当前问题的发生与公交车主要为快充车型有关。"目前很多城市大规模引入慢充车型公交车，这种车型续航里程长，充一次电可以跑一整天甚至两三天，这样一来就可以实现白天运营晚上充电，将大大降低运营成本，还将改善充电拥堵问题。"C市公交集团的负责人表示他们也将推进车型替换，在C市政府的大力支持下，计划两年内引进3000多辆长续航慢充公交车，其中一些慢充型公交车将布局在J公交枢纽站。甲公司也表示，慢充型公交车可以更好利用波谷电价，降低运营成本，同时也将为充电桩在白天向社会车辆开放提供条件。只是对于J公交枢纽站来说，由于场站的第四、第六两层已布局了快充设备，需要另外选址建设慢充设备供新车使用。从现有场站布局来看，J公交枢纽站的变压设备在楼顶，充电桩到变压器距离越远能量衰减就越大，远距离控制网络的信号衰减也可能增加系统的故障率，因此新增的慢充充电设备不能放在第一层和第二层，只能布局在第三层。第三层的空间有限，仅能扩建24个枪充车位。按照每两个小时可充满一辆公交车计算，夜间可使用低谷电价轮换充电三轮，也就是一晚上大概可满足七八十台车的充电需求，比较有限。

七、下一站再出发

新能源充电设施作为新型基础设施建设的重要内容之一，在"双碳"目标和产业转型升级的大背景下成为许多城市重点突破的领域。其中，电动公交车无疑成为探索新能源汽车发展的"先头兵"。电动公交车发展浪潮下，与其紧密相关的老场站改造成为当前电动化发展大幕中十分重要的组成部分。但它作为一种新兴事物，面临诸多难题，无论是地方政府、公交集团还是第三方公司都缺乏可直接参考借鉴的模板，只能在一次次面对问题－解决问题、协调－博弈－合作中探索新模式、新方法、新路径。相信J公交枢纽站的改造过程并非个案，面临的一系列难题与困境也并非独有。那么，下一站，J公交枢纽站和类似场站到底该向何处发展呢？对这一问题各主要参与主体并未停止探索的脚步，而是在奋力前行。

（一）探索场站充电设施市场化使用模式

公交场地在地理位置、空间范围等方面具有显著优势。在城市大力推进新能源充电桩建设的背景下，现有的电动公交车充电场站将有助于形成一个覆盖城市范围的系统化充电网络。因此，探索公交车充电场站的市场化使用模式，对于城市发展、公交集团多样化经营都具有十分重要的作用。当前，一些场站开始探索公交车充电场站向社会车辆限时开放的方式，即在大规模引入慢充型公交车的情况下，将充电场站在白天向社会车辆开放，收取充电费用；夜间作为公交车专用充电场站，充分利用波谷电价实现公交车的低成本充电运营。这将有助于降低公交集团运营成本、提高市场效益。这也是目前大多数公交场站重点探索实施的方向。但这种方式对公交场站建设改造的要求是，要实现充电场站与公交停车场的分离。现实中，像J公交枢纽站这样的公交场站改造建设条件很难满足，因此在对社会车辆开放充电设备方面仍面临较大困难，但这并不意味着无处着手。

C市公交集团的负责人、甲公司的负责人都提到未来市场化发展可能拓展的一些方式：随着电动车辆的加快普及，未来环卫车、渣土车等具有公共服务性质的大型车辆也将实行电动化改造，这些车辆体积大、耗能多，一般的社会性充电场站难以满足它们的充电需求。而电动公交车充电场站空间大、电量载荷高，可为这些具有公共服务性的车辆提供充电场地，不仅解决了公共服务性车辆的充电难题，还将提升公交场站的充电使用效率和市场运营效率。

（二）打造充电桩能源双向流动接口

J 公交枢纽站目前大多为快充型公交车，根据规划其中部分车辆将在未来被替换为慢充型公交车。被替换下来的公交车以及因衰减老化被替换下的电池如何处理呢？ C 市公交集团和甲公司也提出了 J 公交枢纽站未来发展的另一个重要方向：结合储能技术的发展，将替换下来的车辆打造成储能设备，形成充电桩能源双向流动的"微电网"。即由电动公交车和已报废电动公交车电池组建的大型蓄电池组，可在晚上或者利用空闲时间充电储能，到了白天或者繁忙时段再将储能电池给其他电动公交车或社会电动车辆充电，以有效利用波谷电价，降低运营成本，进一步提升充电效率。将充电桩和电动汽车打造成为能源双向流动接口，其电力可来源于国家电网，也可来源于自身场站储能或电动公交车电池储能，未来的电动公交车场站不仅是充电场，也是蓄电场。

（三）建立行业新标准

老场站"适电"改造正在如火如荼展开。由于老站事先并未为"适电"改造预留足够条件，现有老场站嵌入新能源均面临各种问题，并在进行不同程度的创新发展。改造后的效果如何大多是由具体场站自行拍板验收，缺乏统一的行业标准与规范。那么如何保障老场站顺利适配新能源，同时充分考虑场站安全运营？这一问题已突破单个场站、企业所考虑的范围，C 市政府管理部门对此十分关注，正着手制定充电场站设计规划的建设标准。C 市公交集团和甲公司也明确表达制定行业规范的重要性。C 市公交集团负责人指出，他们并不是场站改造的直接施工单位，关于充电桩建设过程中应考虑哪些因素、需要达到什么样的标准等问题存在显著的信息劣势，如果有这样一套标准存在，会帮助他们形成更好的管理规范。甲公司作为 J 公交枢纽站充电桩建设的直接参与单位，在技术、运营、平台建设等方面均具有比较丰富的经验。当前，在 C 市政府部门的主持推动下，C 市公交集团和甲公司正协助参与充电场站设计规划建设标准的制定。未来，充电场站设计规划建设标准的出台不仅会为公交集团提供充电场站建设指南，也会为整个电动公交车行业的发展提供可参考依据。

八、结语

J 公交枢纽站的"适电"改造之路仍在探索中。随着电动公交车的大规模、强力度推广，无疑会有更多老场站面临种种"适电"改造难题。下一步将如何突破老场站嵌入新能源充电桩的改造之困、经营之困，需要政府部门和市场主体的共同努力。

思考题

1. 在 C 市 J 公交站"适电"改造过程中，各相关主体拥有怎样的资源，扮演怎样的角色以及发挥怎样的作用？
2. 面对 C 市 J 公交站"适电"改造难题，地方政府、国有企业与民营企业是如何进行协同治理的？
3. 通过 C 市 J 公交站"适电"改造的案例，你认为对于具有一定公共属性的充电桩建设来说，如何更好发挥政府与企业的协同优势？

第二部分　案例使用说明

一、课前准备

（1）课前提前一周将案例正文发放给学生，要求学生熟悉案例内容。

（2）了解新能源公交车充电桩建设的政策背景与基本方式。

（3）深入理解政府、国有企业、民营企业的各自职能及其互动关系。

（4）将思考题布置给学生，将学生分成 3 个小组，每个小组负责 1 道思考题，课前进行讨论，收集相关资料，做好课上分组讨论的准备。

二、适用对象

本案例适用于公共管理硕士（MPA）"交通与政策前沿""现代城市治理"课程的综合案例。

三、教学目标

本案例以"C 市 J 公交站的适电改造"为例，对新能源公交车充电困局与破解路径等问题进行了较为深入的分析。通过本案例的学习和分析，使学生在了解 C 市 J 公交站"适电改造"发生发展始末的基础上，掌握资源依赖理论、协同治理等理论，并对地方政府、国有企业、民营企业等主体的各自职能、发挥的作用等有所认识，明确在此过程中多元主体互动的方式、路径、问题及发展方向。本案例旨在培养学生运用理论思考和解决实际问题的能力，提升学生对多主体协同合作问题的认识。

四、教学内容及要点分析

（一）案例涉及的理论与要点

1. 资源依赖理论

从资源依赖的视角观察本案例，为了实现低碳环保、推动新能源发展，政府出台一系列政策，用环保的电动公交车替代传统的燃油公交车，这离不开行业内国有企业的支持,包括公交运营企业、基础设施建设单位等。行业内国有企业依托政府政策支持,推进公交车更新升级。而像甲公司这样的民营基础设施承包商也希望能够与国有企业和政府部门合作,通过把自身在实践中积累的经验传递给决策部门,推动出台有利于自身的政策,从而更好赢得市场化竞争,这种影响传导机制如图 6.1所示。

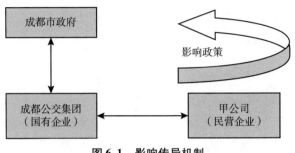

图 6.1 影响传导机制

2. 协同治理理论

在本案例中协同治理体现为:为实现公交车全面电动化这一目标,政府部门、国有企业和民营企业互相协调合作、共同行动,在最大程度上维护和增进公共利益,如图 6.2 所示。

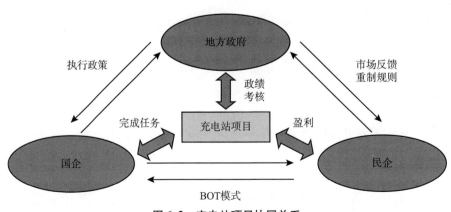

图 6.2 充电站项目协同关系

（二）案例思考题分析要点

1. 在 C 市 J 公交站"适电"改造过程中，各相关主体拥有怎样的资源，扮演怎样的角色以及发挥怎样的作用？

本案例主要涉及三方主体：地方政府、国有企业（C 市公交集团）与民营企业（甲公司）。其中地方政府出台相关政策支持，指方向、下目标。国有企业作为政策实施主体，开展公交场站的具体改造工作。在改造工作进行过程中，民营企业借助其技术设备与运维优势成为参与方。三方基于各自资源优势密切互动、协作与博弈，并形成基于新能源公交车发展与场站升级改造目标下的多元主体治理机制。在此过程中，平衡各方利益关系是关键，以期发挥协同治理优势，推动"适电"改造及进一步发展。

在本案例中，政府想要发展新能源公交车，需要公交车运营企业——C 市公交集团的充分配合，因为地方政府并不直接参与市场活动。而对于企业来说，政府是其外部环境中影响其发展最重要的主体之一，掌握着企业最重要的外部资源，尤其是优惠政策、财税补贴等，这些政策资源对企业发展具有很强的导向作用。J 公交枢纽站的二次改造即是如此。地方政府部门掌握着丰富的资源和分配资源的权力，他们通过制定支持性政策、下发一定的任务目标，为电动化公交发展指明方向，同时建立支持体系。在政策的引领下，C 市公交集团作为国有企业和地方政策的执行者，将公交车电动化与场站改造作为必须完成的任务和借助政策支持开展新技术范式的探索。作为全市最大的公交枢纽站，对其进行电动化改造具有提高"政策显示度"的深切意义。在 J 公交枢纽站"适电"改造升级过程中，地方政府提供财政支持和其他优惠政策，国有企业开展实施改造任务。但由于场站并未预留"适电"改造的基本条件，因此面临重重困难，尤其是技术难题。这无法单纯依托地方政府与国有企业的资源来解决。因此，C 市公交集团选择引入民营企业——甲公司加入。在市场中，不同类型的企业具有不同的资源禀赋。关键性技术资源（无形资源）往往是构成竞争优势的基础。甲公司因拥有比较先进的充电桩建设技术和运维技术，构成了其独特的资源优势，使其成为 J 公交枢纽站改造升级的重要合作方之一，并在多方协力下，最终推动 J 公交枢纽站"适电"改造的初步完成。

　　C 市公交集团依托地方政府出台的政策大力推广新能源公交车并进行场站改造，这一方面是政策使然，另一方面也包含了其自身的发展诉求。在聚力发展新能源汽车的大背景下，C 市公交集团作为公共领域的先驱，能否借助遍布全市、位置优越的公交车充电桩体系推进充电设施的市场化，进而提升自身盈利能力和可持续、高效率发展水平，成为他们考虑的重要方面，这也将减少 C 市公交集团对地方政府财政转移支付的依赖。由此，我们也可以看到 J 公交枢纽站"适电"改造后期，C 市公交集团对于充电系统市场化以及如何提升赢利点十分关注，并由此与其场站改造升级的主体——甲公司产生了一些矛盾。C 市公交集团与甲公司通过招投标方式以 BOT 模式建立合作关系，这源于 C 市公交集团对甲公司技术与运维的依赖。但随着场站"适电"改造进入后期，C 市公交集团对于未来盈利模式、经营模式的思考，促使他们迫切想要掌握并了解场站改造与运营的一系列技术与标准规范，而不是完全依赖于甲公司。由此 C 市公交集团成为推动公交场站"适电"改造与充电桩建设标准起草的一个重要力量。甲公司参与 C 市公交集团的场站改造招标，不仅是为了获得短期利益，更多的是借助 C 市公交集团的国有企业平台更好切入 C 市市场、拓展发展空间。在场站"适电"改造过程中，甲公司会同 C 市公交集团，与 C 市经信委、供电公司、街道办等很多部门与单位建立关系，这成为他们下一步拓展市场化充电设施业务的敲门砖。此外，甲公司参与地方政府的行业标准制定，还有助于将其自身技术优势转化为政策标准，从而提升其市场竞争力。当然，在此过程中，地方政府在新能源公交车推广与"适电"改造以及未来充电桩基础设施建设方面，对 C 市公交集团与甲公司并非仅有引导、协调以及依赖。实际上，地方政府借助 C 市公交集团和甲公司各自资源优势与实践经验，推动行业标准规范，将大大增强政策引导的力度，提升市场的开放性，从而为推动纯电动汽车持续快速发展并作出科学有效决策提供更多依据，进而形成在新型基础设施建设领域——充电桩方面的重点突破。

　　由此可见，基于资源依赖以及三方主体的不断协作、博弈，最终开启了 J 公交枢纽站的升级改造之路并将其推向深入。

2. 面对 C 市 J 公交站"适电"改造难题，地方政府、国有企业与民营企业是如何进行协同治理的？

国家有关部委根据"节能减排"、推广新能源公交车的运用及实现"双碳"目标等要求，给地方政府下达了相应的任务目标；地方政府为了贯彻落实上级的要求，必然要将分解到本地区的任务目标落到实处；国有企业作为政策执行的"压舱石"，承担了大量的社会功能和责任，电动公交的推广、更新的重任国企责无旁贷；要做好电动公交的文章，必然要借助社会各方力量，在市场经济条件下，为了提高效率、节约成本，需要有技术、有资金的民营企业参与其中。

将国有企业与民营企业看作处于同一维度的社会实体，在与政府的互动过程中不存在单向度的命令服从关系，而是双向的互利合作关系，这种关系的建构是以彼此独立为前提的，旨在通过相互配合形成对同一目标的交集意识，这也是构成协同治理的基础。在协同治理机制下，地方政府通过任务分解与考核验收的方式完成目标任务，C 市公交集团承担公交电动化目标，甲公司为盈利目的参与其中，各方既担起了社会责任，又兼顾了利益导向。采用 BOT 模式，公交场站内的充电设施 7.8 年后无偿移交公交集团，在公共用地基础上建设的，移交后变为市政公共设施，探索并创新了具体的运营机制，优化了公共服务，促进了良性的市场竞争。

3. 通过 C 市 J 公交站"适电"改造的案例，你认为对于具有一定公共属性的充电桩建设来说，如何更好发挥政府与企业的协同优势？

（1）构建多维主体合作体系。在公交枢纽站改造升级以适应新能源电动公交车发展态势之时，地方政府、大型国有企业以及民营企业三方共同构筑多维空间结构，审视它的主体形貌，不难发现三方之间各自所掌握的资源优势是其得以有效推动公交枢纽场站升级改造行动的核心要素，使得顺应电动公交车发展潮流成为可能。在地方政府与国有企业、民营企业目标一致时，国有企业与民营企业会极力配合和协助政府部门的行动，进而激活多主体合作的治理模式。在这三维的合作治理模式当中，有一方处在绝对的核心地位，如何充分调动其他参与主体的积极性与主动性就变得至关重要。由于多方本领各不相同，手握资源也不尽相同，解决问题还需从宏观布局出发，根据各参与主体的资源禀赋特点，搭建出了一套科学合理的合作治理逻辑。并以此促成多方合作，做到资源互补，从而实现多方合作方式的效益最优化。

对于项目中地方政府、国有企业以及民营企业之间协同关系的处理，最关键的是要确立系统化的协同合作方式，形成科学合理的协同治理逻辑，以达到对各环节的全覆盖，最终实现在治理中各方作用的最大化。在本案例中，多方协同治理主要体现在场站"适电"改造的物理层面，但实际对于各方来说，如何更好实现改造后的场站更有效率地运营正变得日益重要，而这也是当前作为一个新兴领域亟须探索的核心方面。需要进一步发挥多维协同治理优势，探索场站"改造"后期地方政府 - 国有企业 - 民营企业多方主体的共同利益点与利益分享机制，从而形成全链条的合作体系。

（2）建立健全沟通协调机制。沟通是多主体之间合作与协同的重要环节，高效的沟通能够减少各参与主体之间合作的障碍，及时处理各环节所产生的问题与分歧。因此，根据实际情况可建立针对性和多元化的沟通渠道，促成多方主体合作的有序推进。具体来说，可以从参与主体、合作方式和工作内容三个主要层面建立沟通渠道，并厘清主体之间的关系。在本案例中，J 公交枢纽站"适电"改造后期，如何推进场站慢充改造、如何提升场站市场化经营程度在 C 市公交集团和甲公司间存在分歧。这些分歧的根源是缺乏充分的沟通协调机制。C 市公交集团认为甲公司充电桩建设速度慢，甲公司认为 C 市公交集团调整线路未及时沟通，从而导致很多充电桩弃用。对于这一问题的突破需要建立政府引导下的信息共享沟通机制，实现合作主体间的信息互通共享。

（3）进一步完善政策支持体系。公交枢纽站"适电"改造升级是新型基础设施建设的重要内容之一。但它作为一种新兴事物，多方主体均处于不断探索阶段，需要比较完善的政策体系作为支撑。当前 C 市有关新能源公交车发展与充电桩建设的政策多集中在财政支持政策、用电用地政策等方面。这对于初期新能源公交车的推广与场站"适电"改造十分重要，但随着新能源公交车的发展以及大规模公交场站"适电"改造的完成，如何提升这些基础设施的使用效率、加大其市场化运营力度将成为十分重要的方面，但目前还未出台相关政策。因此，需进一步完善政策支持体系，对于新兴产业来说，要以系统化思维，提供全产业链的政策支持和建立保障体系。对于本案例而言，需进一步完善公交场站充电桩市场化发展的支持政策，将公交场站充电桩资源纳入市内充电桩建设的统一体系，构建平台支持，形成从建设到运营一体化的政策保障体系。

五、教学安排

本案例可以作为专门的案例讨论课来进行。按照时间进度，建议课堂计划做如下安排：

1. 案例背景及内容的课堂介绍（15 分钟）

C 市 J 场站"适电"改造案例进展介绍，重点说明案例中 C 市政府、C 市公交集团和甲公司在各阶段发挥了怎样的作用，面临的主要矛盾与问题是什么；明确教学目的、讨论主题以及课堂计划和时间安排。

2. 第一阶段课堂讨论（24 分钟）

按照 3 道思考题的顺序，把课堂讨论过程分为 3 个小节，每小节 8 分钟，依次在 PPT 上打出讨论问题，由各小组派 1 名同学进行陈述，其他同学补充。

3. 启发点评（15 分钟）

进行思考题理论依据、解析思路的探讨，教师可根据教学要求，简单介绍本案例中涉及的相关理论，并进行思考题解答分析。

4. 第二阶段课堂讨论和总结（20 分钟）

在教师启发点评的基础上，引导学生进一步课堂讨论，并进行归纳总结。

六、参考资料

[1] 黄思棉，张燕华. 国内协同治理理论文献综述 [J]. 武汉冶金管

理干部学院学报，2015，25（3）：3 – 6.

［2］李为为，孙玉光，周艳芳. 交通信息化建设项目政企合作模式初探［J］. 中国交通信息化，2015（9）：30 – 31.

［3］庞小培. 基于政企合作模式的吉林省综合交通出行信息共享应用科技示范工程研究［J］. 公路交通科技（应用技术版），2017，13（1）：172 – 176.

［4］孙萍，闫亭豫. 我国协同治理理论研究述评［J］. 理论月刊，2013（3）：108.

［5］汪涛，陆雨心. 新兴市场中企业对政府的关系投入与企业出口：创新能力的调节作用［J］. 科学学与科学技术管理，2017，38（7）：90 – 104.

［6］张咏梅. 政府—企业关系中的权力、依赖与动态均衡——基于资源依赖理论的分析［J］. 兰州学刊，2013（7）：150 – 154 + 164.

［7］赵雷. 基于政企合作开发模式的新城发展策略研究以南京市六合新城规划为例［J］. 中外建筑，2010（2）：107 – 109.

［8］王亮，赵定涛. 企业 – 政府互动依赖关系与企业政治行为［J］. 公共管理学报，2006（3）：12 – 17 + 108.

［9］杨瑞龙. 我国制度变迁方式转换的三阶段论——兼论地方政府的制度创新行为［J］. 经济研究，1998（1）：5 – 12.

［10］Chris Ansell & Alison Gash. Collaborative Governance in Theory and Practice［J］. Journal of Public Administration Research and Theory，2008（18）：543 – 571.

［11］Ma S，Wang Y G，Li，D H. The Influence of Product Modularity on Customer Perceived Customization：The Moderating Effects based on Resource Dependence Theory［J］. Emerging Market Finance and Trade，2019，55（4）：889 – 901.

［12］Pfeffer J，Salancik G. The External Control of Organizations：A Resource Dependence Perspective［M］. New York：Harper and Row，1978.

［13］Stieglitz N，Heine K. Innovations and the Role of Complement Arities in a Strategic Theory of the Firm [J]. Strategic Management Journal, 2010, 28 (1): 115.

[14] Lenoe. Who Profits: Winners, Losers and Government Regulation [M]. New York: Basic Books, 1986.

[15] Mitnick. The Strategic Uses of Regulation and Deregulation [J]. Business Horizons, 1981 (24): 71 – 83.

[16] Wood. Strategic Uses of Public Policy: Business and Government in the Progressive Era [M]. Boston: Pitman, 1986.

案例七 交通工程外包模式中的低价竞标与监管失灵

——以英国外包巨头卡利莲公司的破产事件为例

郭佳良 刘桂花*

摘 要: 外包作为一种新公共管理范式的重要举措,由于契合了英国保守党一贯的"小政府"和市场原教旨主义理念,因而在英国的交通工程建设中成为重要的供给模式。然而2010年的财政紧缩政策以来,外包市场上出现了巨型外包商的"低价竞标"现象,而采取"低价多接"扩张策略的外包巨头不断亏损,并由于外部监管机制的失灵导致交通公共服务的供给最终失败。本文以有着百年历史的英国第二大建筑公司卡利莲的破产事件为例,展示交通工程外包模式在英国所遭遇的困境及其生成逻辑,为理解外包模式的利弊及其成功和失败的可能原因提供重要的现实经验。

关键词: 外包;交通工程;财政紧缩;低价竞标;监管失灵

---

* 郭佳良:西南交通大学公共管理学院;刘桂花:西南交通大学公共管理学院。

第一部分　案例正文

一、引言

2018 年 1 月 15 日，规模巨大、有着百年历史的英国第二大建筑公司卡利莲（Carillion）宣布破产，破产管理署署长开始清算其资产和合同。卡利莲是一家拥有约 200 年历史的提供设施管理和施工服务的英国跨国公司，在全球雇佣着 4.3 万名员工，其中英国就有 2 万名员工。虽然是一家建筑公司，但卡利莲也提供设施管理和维修服务，例如英国 NHS 医院的清洁和餐饮服务。卡利莲向 900 所学校提供膳食，并负责监狱设施的维护。它拥有大量的政府合同，包括高速铁路建设和道路维护。它建造了很多标志性建筑，包括伦敦的泰特现代美术馆和阿曼的大清真寺等，它还负责修缮多伦多联合车站。清算时，该公司在英国雇佣的员工约 18200 人，与英国公共部门签订的合同约 420 份，包括直接合同、分包合同和提供私人融资计划的专用工具。这些合同的内容包括为医院、学校、武装部队、监狱和交通提供服务。

卡利莲在 2016 年曾创下 52 亿英镑的营业收入，2015 年 7 月市值逼近 10 亿英镑。然而，由于合同延期代价高昂，新业务滑坡，公司 2017 年上半年亏损超过 10 亿英镑。自 7 月开始，公司发布了一系列利润预警，合同价值减计超 10 亿英镑；公司市值 2018 年 1 月只剩 6100 万英镑。英国广播公司（BBC）称，有人认为卡利莲过于雄心勃勃，承担了太多风险高、利润低的合同。同时，公司在中东地区的合同款还面临着延迟支付的风险。英国记者曲蒙·杰登斯（Simon Jenkins）表示，卡利莲申请破产清算并不令他意外，这家公司过于庞大，过于依赖政府合同，都不像是一家私营企业了。

就政府对卡利莲的重要性而言①，卡利莲的账户记录表明，来自英国公共部门的收入占 2016 年其 52 亿英镑全球收入的 33%，占其英国收入的 45%。就卡利莲对政府的重要性而言，卡利莲在 2016～2017 年度是中央政府部门的第六大供应商。卡利莲为中央政府部门提供的大部分服务是建筑和设施管理，估计在这方面的市场份额分别为 11.3%（4.22 亿英镑）和 6.3%（3.23 亿英镑）（见图 7.1）。

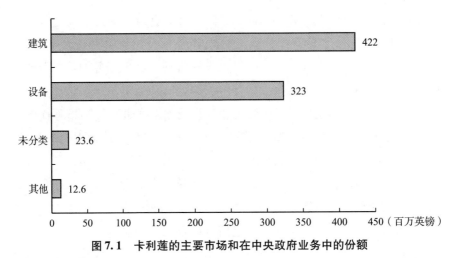

图 7.1　卡利莲的主要市场和在中央政府业务中的份额

资料来源：英国国家审计署对内阁办公室数据的分析。

卡利莲是推进公私合作伙伴的全球主要参与者，这家大型公司的破产为研究交通工程和公共基础设施领域的公私合作伙伴关系（PPP）或外包模式提供了案例。卡利莲赞助并资助了 60 多个 PPP，更重要的是，一旦施工完成，便为其提供设施管理服务。它是英国第二大建筑商，同时还拥有许多政府外包合同并承担了项目融资和建设工作。在英国，卡利莲负责为 230 所学校提供膳食和清洁服务，并为许多医院提供维护和设施管理服务，满足了 200 个手术室和 12000 张病床的需求，每天可提供 19000 份餐饭。它在陆军基地维护着 50000 所房屋，拥有 2 亿英镑的建筑工程合同，涉及

---

① Investigation into the government's handling of the collapse of Carillion：（NAO）.

监狱、高速公路和高铁项目。它的年销售额为 52 亿英镑，在英国拥有约 20000 名员工，在全球拥有 43000 名员工。

那么，为何如此老牌的、超大体量的英国建筑商会一夜之间轰然倒塌？为什么一贯宣扬公共服务领域市场化和市场竞争机制，且作为 PPP 模式或外包模式的发源地和鼓吹者的英国，会出现这种外包寡头经营困难甚至破产清算的局面呢？卡利莲的破产事件在英国引发了极其广泛的影响：一方面，作为公共服务外包市场上的寡头企业，它的破产必然波及多个领域和行业的上下游企业，并产生公共服务的供给失败；另一方面，在倡导公共服务外包的英国，卡利莲的破产更意味着一种公共服务市场化模式的困境，更甚者可能预示着新公共管理理念的失败。可以说，公共服务外包模式在英国遭遇到极大的挑战和危机。一种公共管理模式的成功往往难以模仿和复制，因为其成功包含着太多先天禀赋与前置条件，而且各国国情差异巨大，因此公共管理模式一定是多样而非同一的。但失败的案例却能够提供借鉴和指导意义，通过分析导致失败的原因，可以从中吸取教训而避免重蹈覆辙。我国政府已经开始推行公共服务外包模式，需要对外包模式的先行者英国所遭遇的问题进行全面而深入的了解，以借鉴经验和吸取教训。

此外，要注意的是，在英国几个公共服务外包巨头中，不仅卡利莲出现了经营困难，它的失败体现的是英国外包模式所普遍存在的问题。据法国《世界报》报道，随着承接英国政府公共服务的几家外包服务巨头遇到经营困境，英国公共服务外包模式也受到质疑。英国外包服务巨头 Capita 公司为英国政府提供收取电视牌照费、伦敦城市拥堵费以及伦敦卫生管理的服务。2018 年 1 月 31 日，该公司发出历史上首次盈利预警，并宣布由于过度负债，将出售一些资产。这一消息宣布后，Capita 公司股价暴跌了 47%。2014 年，塞尔科（Serco）公司发布了多项盈利预警，最终计提了 13 亿英镑的亏损和减记拨备，相当于 20 年的累计利润。塞尔科公司表示如果银行没有同意给他们时间来筹集额外的资本，他们就会破产。在 2016 年和 2017 年，Mitie 发布了几次利润警告，并下调了其资产负债表的评级。

具体而言，卡利莲的破产来自多方面的原因，可归结为：第一，宏观层面英国政府的财政紧缩政策所导致的外包市场上的"低价竞标"模式；第二，卡利莲通过"低价多接"的策略盲目扩张，在外包市场上不断胜出，形成一种近似于"庞氏骗局"的商业模式；第三，从外部的监管机制而言，审计公司、咨询公司和政府监管几近全部失灵。下面，分别对这三个方面展开论述。

二、财政紧缩政策与外包市场上的"低价竞标"

2008 年的金融危机导致政府财政吃紧，进入所谓财政缩减（austerity）时期，因此更需要 PPP 模式。自 2010 年通货紧缩政策以来，外包业务明显增加，这不是因为通过创新改善了服务，而是因为削减成本和削减政府机构的规模。自财政紧缩政策开始以来，地方和中央政府一直在推动与承包商达成更为艰难的协议。一般认为，公共服务的招投标应以"物有所值"（Value For Money，VFM）为基本评判标准，综合考虑价格和质量两方面的因素来选择承包商。但是实际上，政府外包的首要任务是尽可能少花钱，从而将投标书授予最低价格的投标人。正如英国另一家大型外包服务公司信佳集团（Serco Group）的一名代表在国会议员委员会作证时指出，"英国政府在合同条款上是最激进的……它毫不犹豫地利用它作为市场上唯一买家的地位，坚持市场上供应商根本不会接受的条件。"尽管他们被批评"掠夺"纳税人，但 2006 年外包商的利润率低于大多数富时 100 指数（FTSE 100）成分股公司（见图 7.2）。

财政紧缩政策与公共部门合同的激进定价策略，导致政府在作出订约决定时过分注重成本，对服务质量造成不利影响。英国设施管理学会（British Institute for Facilities Management）抱怨说，政府方面"持续推动最低价格"。全国志愿部门组织理事会（National Council of Voluntive Sector Organizations）表示，政府订约"主要是由价格驱动的"。埃米亚斯·莫尔斯爵士（Sir Amyas Morse）表示，政府各部门在采购服务时通常会选择最低报价的投标。保罗·戴维斯（Paul Davies）将政府描述为"推动最低成

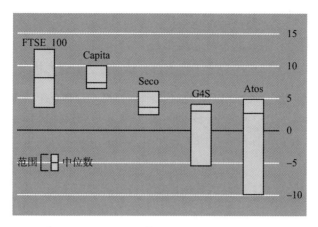

图 7.2　2006 年 1 月至 9 月 13 日英国最大的政府承包商的季度净利润率

资料来源：英国国家审计署。

本"。政府的承包商们非常清楚政府对成本的关注。富港银行（CBI）对 250 家承包商进行的调查结果显示，只有 2% 的人认为服务质量是授予政府合同的决定性因素，而 60% 的人认为这是最低的初始投标成本。来自地方政府协会的大卫·西蒙兹（David Simmonds）认为，这是社会护理中的"非常现实的问题"。政府承认在合同外包过程中过于注重成本，这是因为有时它难以理解所需要的结果。政府首席商务官、皇冠商业服务部非执行董事加雷斯·里斯·威廉姆斯（Gareth Rhys Williams）告诉议会专责委员会，"如果我们在如何评估质量方面不够敏锐或准确，例如，即使质量分数是分数的 80%，每个供应商也能得到 8/10 的分数……那么价格是采购中唯一考虑的因素。所以我们需要更好地评估质量因素"。司法部部长承认，"长期以来，政府一直对公司是否有获得公平投资回报的权力保持怀疑。"

　　这样的低价竞标导致了严重的后果。一方面，这导致公共服务外包市场集中度的提高。为了降低采购成本，政府更倾向于谈判单一的大合同，而不是大量的小合同。因此，外包商收购了许多小企业，以满足广泛的功能需求。这导致了市场集中，破坏了外包应该引入竞争的原则。英国总共有大约 20 万家政府供应商。然而，据一家分析公共采购的公司 Tussell 称，2018 年政府签署的 60940 份外包合同中，约 1/4 的价值流向了 29 家大公司。有些服务只由少数几家公司提供。只有索迪斯、塞尔科和 G4S 三家公司提供监狱服务；只有塞尔科和 G4S 两家公司提供儿童监护权服务。尽管 27% 的政府采购流向了小企业，但大部分是通过大运营商将自己的工作转包出去的。2012～2017 年，单次招标数量翻了两番多。据计算，竞争减少可能导致成本增加 2%～15%。另一方面，政府优先节约成本的做法经常导致服务质量下降：在初级保健支持服务合同中，英国国家审计署（NAO）发现英国国家医疗服务体系对合同风险的评估"集中在未能实现其财务节约目标的可能性"和"没有充分评估人均未能提供良好标准服务的风险"。

三、卡利莲盲目扩张的商业模式："低价多接"策略与"庞氏骗局"

近年来，一些政府承包商制定了不可持续的商业模式，对合同的出价过低，不计后果地收购其他业务，并保持高额的奖金和股息。例如，卡利莲在破产前的资产负债表就由高风险的建筑合同和高价值的商誉支撑，这些都是由于超额支付收购费用而产生的。由于担心紧缩政策会大幅削减提供的合同数量，外包商陷入了一场竞争。在业内被称为"自杀式竞价"的低出价现象已经司空见惯，因为这些外包商公司试图让股东对新业务的承诺感到满意。外包商们出价过低，希望以后通过对合同的修改能额外增加收入最终产生一些利润。但政府部门通常不会这样做。卡利莲的企业决策和治理存在问题，它接受了太多的有风险而无收益的大型政府项目，其原因可能在于它的高管薪酬与业务绩效无关。另外，为了维系其财务开支，它只能通过接受新的合同款来填补之前欠账的窟窿，这其实构成了某种庞氏骗局。由于高管考虑的是企业资产负债表上的公开利润与净负债，为了让资产负债表好看，高管故意如此行为。2017 年 8 月卡利莲董事会讨论战略的会议纪要显示，长期任职的卡利莲员工对业务中发生的事情存在一种"创造数字的文化"（a culture of making the numbers）和"故意视而不见"（willful blindness）。董事会的结论是，该组织的文化需要"彻底改变"。2018 年 6 月 26 日，司法部部长罗里·斯图尔特（Rory Stewart）对议员们说，他的部门在与卡利莲签署了一份好得难以置信的协议后，吸取了"真正的教训"。他说："我们没有得到卡利莲向我们提出的交易，因为事实证明，卡利莲向我们提出的交易是完全不可持续的。"

对于卡利莲而言，为了在市场中获胜，它不得不从两个方面着手：第一，通过大量的负债获得资金，从而收购其市场上的竞争对手，不断拓展自己的市场领域。卡利莲在 2006 年以 3.5 亿英镑收购 Mowlem 和在 2008 年以 5.65 亿英镑收购 Alfred McAlpine，2011 年又收购了供暖和可再生能源服务供应商 EAGA。这些疯狂的收购使得其贷款迅速增加，从 2009 年 12 月的 2.42 亿英镑增加到 2016 年 12 月的 6.89 亿英镑。这导致公司的债务权益比率大幅上升，到 2016 年 12 月达到 5.3，大大高于 2 的合理比率。第二，卡利莲在外包市场上陷入了一种"仓鼠轮效应"，即不断通过不合理的低价来获得源源不断的政府合同，从而确保其债务不会违约。它的商业模式是在收购、债务上升、向新市场扩张和对供应商的剥削中不断运转的一个"庞氏骗局"，这种模式使得卡利莲不断聚焦于获得新合同和业务扩张，而完全看不到这些合同的潜在盈利能力。董事会为此不惜在财务报告中造假，以掩盖它的债务和盈利能力。直到 2017 年 7 月，几乎没有公开信息表明卡利莲的财务报表反映了其财务真实而公正的信息，而这些财务信息是由毕马威会计师事务所（KPMG）每年以未经修改的意见签字同意的。

四、合同监管为何失灵

（一）作为同谋的审计公司与咨询公司

卡利莲的倒闭引发了审计师对公司合作伙伴的监管问题。就在清算前 10 个月，毕马威会计师事务所已批准其财务报表。然而，卡利莲在 2016 年 12 月初宣布其财务状况恶化，紧随其后的是债务规模巨大且不可持续经营风险的增加。毕马威会计师事务所怎么可能没有意识到这一点？这是毕马威会计师事务所糟糕的审计监管的又一个例子。事实上，大型审计和咨询公司在 PPP 的各个方面都捆绑在一起，从评估提案和衡量"物有所值"

（measurement of value for money），到对它们的评估和审计，所以它们无法保持客观中立。但是，似乎没有任何机制使它们对自己的失败负责。这让人回想起 2008 年金融危机中债券评级机构和银行的拖欠债务行为。

（二）英国政府对于战略供应商的监管体系未被落实

2011 年，英国内阁办公室采用了一种新的战略供应商管理办法，引入了王室代表（Crown Representative），以"管理政府及其每个战略供应商之间的关系"，并作为与政府联系的联络点。2012 年风险管理政策公布后，该政策将国家统计局列为中央政府的机构。其目的是确保供应商履行对中央政府的合同义务，并维持公共服务。2018 年，战略供应商有 27 家，由 16 名王室代表（通常是具有商业背景的兼职高级官员）进行业务跟踪，他们得到合伙企业经理（高级公务员）的支持。每份合同的管理由各个采购部门完成。这些王室代表和内阁办公室的具体官员（由市场和供应商主任担任主席）组成了商业关系委员会。每六周召开一次会议，讨论每个战略供应商的绩效，并对它们进行风险评级（如图 7.3 所示）。

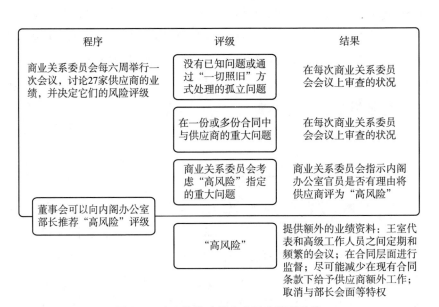

图 7.3 政府的战略供应商风险管理政策

资料来源：根据英国国家审计署对内阁办公室文件的分析。

新的战略供应商管理办法施行，王室代表开始监测包括卡利莲在内的战略供应商的绩效和财务状况。格林将卡利莲与王室代表的关系描述为"透明"，以及与政府之间的"关键关系"。理查德豪森表示，他每季度都会与王室代表会面，并有一些临时的会面。内阁办公室作为对关键战略供应商管理的一部分，负责监视公开的财务信息来源，尤其是有关"触发事件"（trigger events）的信息，这些信息有可能导致政府合同中的财务困境。这些信息应该与王室代表共享，以便与供应商讨论。盈利警告就是这样的触发事件。卡利莲在 2017 年 7～11 月发布了三则盈利警告，但由于"正常的人员更替"，2017 年 8～11 月卡利莲没有王室代表。政府承认这是一个"比通常更长的延迟"，因为他们寻找的是有企业重组经验的人，而不是公司财务方面的人。官员坚持认为，7 月份的利润警告对他们来说是一个完全的意外，但随后加强了联系，7～11 月，政府与卡利莲举行了 25 次会议。在该公司 2017 年 7 月发布利润预警之前，向卡利莲派遣了一名王室代表并没有起到提醒政府注意潜在问题的明显作用。2017 年 8～11 月期间的缺席，这并不能提高政府在公司倒闭前的关键时期随时了解公司方向的能力。

五、卡利莲公司的破产所导致的严重后果

（一）"大到不能倒"：政府对卡利莲的"输血"与补救

当一家公司参与公共部门服务的程度逐渐加深意味着，它倒闭的可能性越来越大，当一家公司市场集中度提高意味着它确实失败时，它更有可能产生重大影响。在这种情况下，公司可能会变得太大而不能倒闭。卡利莲于 2017 年 12 月 31 日正式与政府接洽，要求政府提供财政援助，很明显，这是与现有贷款人讨论进一步支持的先决条件。在 2017 年 10 月，尽管政府已参与到卡利莲的讨论，但他们给予该公司的唯一救济是让英国税务及海关总署（HMRC）允许其推迟 2200 万英镑的纳税义务。

卡利莲与政府的讨论在 2018 年的头两周继续进行。该公司进一步要求

HMRC 在 2018 年头四个月推迟总计 9100 万英镑的纳税义务。HMRC 当时拒绝接受该请求，并声明该请求将于 2018 年 1 月 13 日提交给其专员。卡利莲董事长菲利普·格林（Philip Green）给内阁办公室写了最后一封信，要求政府在 2018 年 1 ~ 4 月为该公司提供高达 1.6 亿英镑的担保。除非提供这笔资金，否则卡利莲有可能不得不申请破产。他声称，提供这笔资金符合政府的最大利益，因为卡利莲缺少一个可行的应预案，允许卡利莲进行清算将"给英国政府带来的巨大成本，远远超过企业持续融资的成本"。格林认为，在这样一种情况下，"将没有真正的能力来管理广泛的失业、运营连续性、对我们客户和供应商的影响，或者（在极端情况下）卡利莲员工及其服务的公众的人身安全"。这本质上是一种勒索。格林认为，面对卡利莲即将垮台的局面，政府会认为：卡利莲太大了，不能倒闭。然而，最终政府无视这些旨在支撑一个失败商业模式的主张，拒绝了他的要求。政府认为，"纳税人不应该也不会为私营企业的损失纾困，或允许对破产给予奖励"。政府已经在 2017 ~ 2018 年度提供了 1.5 亿英镑的资金，用于支持破产以及一项无法量化的或有负债，这些用于支持破产的纳税人资金几乎不可能全部收回。政府认为不能再用纳税人的钱来支持这些由疏忽大意的董事所经营的公司了。

（二）公共价值的受损

政府选择不救助卡利莲当然是正确的。然而，当一家公司与政府签订 450 份合同时，它的倒闭将不可避免地对公共财政产生重大的连锁反应，根本不可能将所有风险从公共部门转移到私营部门。谁将为此买单？卡利莲的股东将一无所获，他们的股票一文不值！为无担保债务提供贷款的大型银行巴克莱（Barclays）、劳埃德银行（Lloyds）、汇丰银行（HSBC）、苏格兰皇家银行（RBC）和桑坦德银行（Santander）也将亏损，尽管普华永道会计师事务所"确保债权人获得最佳结果"，同时又将确保"公共服务的连续性"作为破产管理署的首要任务（PWC，2018）。普华永道会计师事务所还要求所有员工、代理商和分包商继续正常工作，他们在清算期间所做的工作将得到报酬。然而，与此同时，普华永道会计师事务所也呼吁那些可能有意向的企业来收购卡利莲的部分业务。尽管卡利莲倒闭了，但总有些人能够在此事中成为稳赚不赔的赢家。卡利莲的董事们虽然对他们的管理不力公开忏悔，但这并不妨碍他们拿到高额工资和奖金，且即使在企业已出现严重财务问题时他们也未曾表示过要降低自己的收入。此外，所有的审计师和企业顾问都得到了丰厚的补偿，他们对企业的糟糕状况视而不见。在某些情况下，企业的破产事务依然能够成为他们盈利的业务来源。

令人担忧的是，随着合同重组以取代卡利莲和出售资产以偿还流动性债务，许多工人将失业。一些建筑工地已停工，工人被遣返回家。此外，卡利莲还欠了大约 30000 家小型企业的钱，偿还可能性不大，这将不可避免地导致这些小型企业解雇工人。倒闭将使一家规模相对较大的公司巴尔福·比蒂（Balfour Beatty）损失 3500 万~4500 万英镑，对他们的工人影响不确定。与此同时，卡利莲的高管们放宽了 2016 年收回奖金的规定，据说 2017 年他们给自己支付了 400 万英镑，不过在公众抗议的压力下，破产管理处（Insolvency Service）已经收回了奖金和遣散费。卡利莲的养老金赤字约为 8 亿英镑，使约 27500 名工人的养老金面临风险。幸运的是，在英国有国家养老金保护基金（State Pension Protection Fund）作为雇主资不抵债时的固定福利补偿。但工人仍将损失他们原本期望收入的 10%~20%。在审计师确认卡利莲财务状况健康前提下，为何会存在如此之大的养老金缺口，是一个需要回答的严肃问题。

卡利莲还欠其 30000 家供应商、分包商和其他短期债权人约 20 亿英镑，这些企业不太可能得到偿付，这将不可避免地导致他们解雇工人。可以说，卡利莲的破产对公共领域所造成的损害是不可估量的。

思考题

1. 什么是公共管理中的外包模式？
2. 为何在卡利莲的案例中公共服务外包导致了最终的供给失败？
3. 新公共管理所宣扬的公共服务市场化可能导致哪些问题？

参考文献

［1］王雁红. 公共服务合同外包：理论逻辑与改革实践［J］. 北京航空航天大学（社会科学版），2015，8（3）：23－32.

［2］句华. 公共服务合同外包的适用范围：理论与实践的反差［J］. 中国行政管理，2010（4）：51－55.

［3］Loxley，John. The Collapse of P3 Giant Carillion and Its Implications［R］. Ottawa：Canadian Centre for Policy Alternatives，2018.

［4］National Audit Office. Investigation into the Government's Handling of the Collapse of Carillion，2018［Z］.

［5］National Audit Office. Investigation into the Rescue of Carillion's PFI Hospital Contracts，2018［Z］.

［6］Public Administration and Constitutional Affairs Committee. After Carillion：Public Sector Outsourcing and Contracting，2018［Z］.

［7］Carillion（Joint report from the Business，Energy and Industrial Strategy and Work and Pensions Committees of Session）［Z］.

［8］Sturgess，Gary L. "Just Another Paperclip？" Rethinking the Market for Complex Public Services［R］. London：Business Services Association，2017.

第二部分 案例使用说明

一、课前准备

（1）课前提前一周将案例正文发放给学生，要求熟悉相关内容；

（2）了解公共服务的外包模式、公司合作伙伴（PPP）的基本内涵和运行方式；

（3）将思考题布置给学生，将学生分成 3 个小组，每个小组负责 1 道思考题，课前进行讨论，收集相关资料，做好课上分组讨论的准备。

二、适用对象

本案例适用于本科专业公共事业管理《公共工程管理概论》课程的综合案例。

三、教学目标

本案例以英国外包巨头卡利莲公司的破产事件为例，通过对英国交通工程外包模式中的政府财政紧缩政策所导致的"低价竞标"、承包商企业的"低价多接"运行模式、政府以及作为第三方监管者的审计公司与咨询公司的监管失灵，来表明公共服务的外包在现实过程中的运行方式及其可能出现的弊端，从而进一步帮助学生理解公共服务外包模式的成功所必需的前提条件与要求。作为 PPP 模式或外包模式的发源地和鼓吹者的英国，出现这种外包寡头经营困难甚至破产清算的问题，这使得我国政府在推行公共服务外包模式的过程中能够从中获得经验借鉴和吸取教训。通过理解导致失败的原因，我们可以在现实的操作中保持审慎，避免重蹈覆辙。同时，此案例可以让学生结合真实案例，理解公共服务的外包模式的运行逻辑，掌握 PPP、"物有所值标准"、"低价竞标"、监管失灵、新公共管理等概念和理论内容，了解公共服务外包模式中政府、企业、第三方监管者以及社会力量之间的相互关联和互动关系。本案例的关键内容为外包模式、交通工程、财政紧缩、低价竞标、监管失灵。

本案例旨在培养学生运用理论思考和解决实际问题的能力。

四、教学内容及要点分析

（一）案例设计的理论及要点

1. PPP 模式

在我国，PPP 是指政府和社会资本合作模式。财政部在《关于推广运用政府和社会资本合作模式有关问题的通知》中指出，PPP 是指在基础设施及公共服务领域建立的一种长期合作关系。通常模式是由社会资本承担设计、建设、运营、维护基础设施的大部分工作，并通过使用者付费及必要的政府付费获得合理投资回报，政府部门负责基础设施及公共服务价值和质量监管，以保证公共利益最大化。国家发改委在《关于开展政府和社会资本合作的指导意见》中指出，PPP 模式是指政府为增强公共产品和服务供给能力、提高供给效率，通过特许经营、购买服务、股权合作等方式，与社会资本建立的利益共享、风险分担及长期合作关系。

2. 物有所值标准

物有所值标准（Value For Money，VFM）是判断是否采用 PPP 模式代替政府传统投资运营方式提供公共服务项目的一种评价方法。政府通过物有所值的标准来判断是采用传统采购方式还是 PPP 模式来供给公共服务。物有所值评价包括定性评价和定量评价。定性评价指标包括全生命周期整合程度、风险识别与分配、绩效导向与鼓励创新、潜在竞争程度、政府机构能力、可融资性 6 项基本评价指标；而定量评价则是基于 PPP 项目全生命周期内政府方净成本的现值（PPP 值）与公共部门比较值（PSC 值）的比较来完成的。值得注意的是，物有所值标准关注的仅是项目的成本效率，没有关注该项目带来的环境问题和社会利益。

3. 外包过程的政府监管

由于政府与承包商之间存在着"委托－代理"关系中的信息不对称问题，政府必须建立一套完备的监督体制确保合同的规范执行，因此会增加必要的行政监督成本。且私人企业天然的逐利本性，使得其为了追求利润而产生公共服务供给的负面效应，如公共服务供给不充分（因其有更强的动机发展私人付费业务）、不均等（撇脂，抛弃部分顾客的行为）等现象。这都需要政府以及第三方监管者有效执行监督政策。而大型的承包商与政府之间可能形成一种长期的合作伙伴关系而非单次的合同关系，因而政府与承包商之间有可能导致相互依赖，这时政府的有效监管可能更为困难。

（二）案例思考题分析要点

1. 什么是公共管理中的外包模式？

从定义上而言，政府公共服务外包是指政府为提高公共服务质量，将原本由自身提供的公共服务或管理职能，通过契约形式委托给第三方服务提供商来完成，并以财政性资金予以支付报酬的经济活动。公共服务外包是新公共管理运动的重要改革内容，其目的是通过引入外在市场化的机制来提升公共服务生产和递送的效率。最近十年之内，英国作为最早的外包实施者，其公共服务的外包模式出现了多起失败的案例。所谓"失败"，就是指没有实现外包所预期的目标。外包之所以在英国得到宣扬和鼓吹，其根本的原因是：第一，面对财政紧缩，外包可以利用市场和社会的力量实施公共服务，因此缓解了财政压力，即所谓福利国家的政府超载问题；第二，公共组织效率低下，浪费公共资源，而市场和第三部门则因其外部的竞争环境而天然具有效率优势，因此将公共服务外包出去会提升公共资源的使用效率。

外包作为一种新公共管理运动的重要举措，具有浓厚的意识形态色彩。它契合了英国保守党一贯的"小政府"和市场原教旨主义理念（新自由主义理念），其在撒切尔政府时期得到宣扬，这正是其政治层面的合法性源泉。英国公共服务外包模式是撒切尔夫人于20世纪80年代初推行的，英国前首相布莱尔也大力推进了这一模式的发展。由此，英国在开放公共服务市场方面处于全球领先地位。据英国审计部门统计，2015～2016年度，政府公共开支的1/3都支付给了这些外包公司，这比社会福利和公务员工资的开支还要多。这一模式催生了一批承接政府外包服务的巨头公司。

当下我国正在大规模推进外包和PPP模式。2014年10月，李克强总理主持召开国务院常务会议，明确提出"积极推广PPP模式"之后，国务院、发改委、财政部等密集出台相关政策，各地政府部门、社会资本和金融、咨询（含律师事务所）等相关机构积极探索实践，将其作为我国加快政府职能转变的重要举措，是公共管理领域的供给侧结构性改革。但是，在发展中也出现个别偏差或问题。2015 年开始，PPP 模式在全国各地全面展开，业内人士称之为PPP 元年。截至 2016 年 7 月 3 日，财政部 PPP 中心平台项目库已有 PPP 项目 8644 个，总投资 10.42 万亿元，此时我国已成为全球最大的 PPP 市场。推广 PPP 模式是落实党的十八届三中全会关于"要加强中央政府宏观调控职责和能力，加强地方政府公共服务……等职责。允许社会资本通过特许经营等方式参与城市基础设施投资和运营"精神的重要举措，PPP 的核心理念是提高公共产品和服务的质量与效率。

2. 为何在卡利莲的案例中公共服务外包导致了最终的供给失败？

第一，外包并不必然导致公共服务质量的提升和财政压力的缓解。外包成功的案例当然存在，但不断出现的外包失败案例应引起人们的警惕。外包并未能有效缓解财政压力，反而可能进一步使政府的财政状况恶化。外包所导致的效率提升并非那么简单。由于政府与承包商之间存在着信息不对称问题，政府必须建立一套完备的监督体制确保合同的规范执行。

第二，传统的委托－代理理论在卡利莲的案例中失效了。一般的合同外包都遵从委托－代理的经典理论，认为在政府购买公共服务的过程中，购买者与供给者之间从根本上说是存在利益冲突的，他们都会为了该付多少钱和该提供什么而进行不竭的斗争，因而买方和卖方之间构成一种天然的相互制衡关系。但是在本案例中，卡利莲并没有实现所谓的企业利益最大化，表现出某种"自残"的冲动，即使利润率极低、风险极大，依旧坚持获得合同，并未产生所谓寡头的优势。

第三，仅考虑成本因素将导致公共服务质量的恶化。卡利莲的倒闭严重动摇了公众对外包的信心。在调查过程中，议会专卖委员会发现，政府外包的首要任务是尽可能少花钱，同时迫使承包商承担不可接受的财务风险。由于政府发布的外包信息可能不完整或根本不正确，这一做法造成了更大的损害。

3. 新公共管理所宣扬的公共服务市场化可能导致哪些问题？

从公共管理的价值维度而言，市场化举措应是追求效率价值而可能损伤公平价值的。哈佛学者的相关研究表明，市场驱动型的治理模式会对公共性造成挑战（公私差异的模糊、社会经济功能的收缩、服务对象的窄化、问责状况的恶化、政府公信力的下降），还有所谓"空心化国家"和"行政机构能力弱化"的问题。卡利莲案例以及英国外包模式的普遍危机体现了新公共管理范式的内在问题。正是基于此，西方学者提出了从新公共管理向新公共治理的范式转移。新公共治理（New Public Governance，NPG）是在新公共服务对新公共管理提出批评后建立起来的一种新的模式。为了应对公共服务市场化所出现的监管失灵问题，合同治理构成新公共治理的核心内容。从新公共管理走向新公共治理，意味着政府与企业之间关系的重塑，意味着从新自由主义所倡导的"小政府"到找回政府，看重政府的治理能力提升，以及政府与其他主体之间的网络关系的重建。

五、教学安排

本案例可以作为专门的案例讨论课来进行。按照时间进度，建议课堂计划做如下安排：

1. 案例背景及内容的课堂介绍（15 分钟）

对于英国的公共服务市场化和新公共管理改革运动进行背景介绍，对于英国建筑商巨头卡利莲的外包业务内容进行背景介绍，并对其破产事件的前因后果进行分析，重点说明在本案例中政府、卡利莲、第三方监管企业、社会公众在公共服务外包模式中各个阶段的角色、功能，相互之间的互动关系及其行为逻辑，以及可能导致的外包风险。明确教学目的、讨论主题以及课堂计划和时间安排。

2. 第一阶段课堂讨论（30 分钟）

按照 3 道思考题的顺序要求，将课堂讨论过程分为 3 个小节，每小节 10 分钟，依次在 PPT 上打出讨论问题，由各小组派 1 名同学进行陈述，其他同学补充。

3. 启发点评（20 分钟）

进行思考题的理论依据、解析思路的探讨，教师可根据教学要求，简单介绍本案例中涉及的相关理论，并进行思考题解答分析。

4. 第二阶段课堂讨论和总结（20 分钟）

在教师启发点评的基础上，引导学生进一步课堂讨论，并进行归纳总结。

参考资料

［1］竺乾威. 新公共治理：新的治理模式？［J］. 中国行政管理，2016
（7）：8.

［2］郭上. 我国 PPP 模式物有所值评价研究［D］. 北京：财政部财政
科学研究所，2015.

［3］王雁红. 公共服务合同外包：理论逻辑与改革实践［J］. 北京航
空航天大学学报：社会科学版，2015，28（3）：10.

［4］句华. 公共服务合同外包的适用范围：理论与实践的反差［J］.
中国行政管理，2010（4）：5.

［5］财政部. 关于推广运用政府和社会资本合作模式有关问题的通知
［Z］.

［6］国家发改委. 关于开展政府和社会资本合作的指导意见［Z］.

案例八　商谈与共识：社区停车资源共建共治共享实践

——以 C 市 K 社区为例

夏永梅　饶　也[*]

摘　要： 随着经济迅速发展、人民生活水平不断提高，汽车已成为家庭出行的日常代步工具，全国汽车保有量一直持续增长，与此同时停车难问题日益成为民生关注热点和城市居民交通出行的痛点。本文以 C 市 K 社区为例，以利益相关者权利基础、社区自治机制、公众参与和民主协商为切入视角，描述了 K 社区居民委员会在解决社区停车资源紧张问题中如何发挥主导作用，通过民主协商促进各利益相关方充分沟通并达成共识的过程，旨在为其他城市解决停车难题和有效推进社区共建共治共享提供参考和借鉴。

关键词： 停车资源；社区自治；协商民主；城市交通

第一部分　案例正文

一、引言

小李在毕业之后找到一份称心的工作，计划在 C 市安定下来。小李将

---

[*] 夏永梅：西南交通大学公共管理学院；饶也：西南交通大学公共管理学院。

目光锁定在 K 社区内的花园小区，该小区是 K 社区面积最大、居住人口最多的小区。其内部配套设施完善，供居民们日常活动；围楼栋绿化布置一步一景，颇有设计感；楼栋围绕中心绿地坐落，从高层俯瞰视野开阔，所有景色尽收眼底，小李也因此决定在这里定居。如愿以偿之后，不久烦恼却接踵而至——停车难。当初小李选房之时有产权的地下停车位已经售罄，考虑到该小区共有部分面积大，地面有足够的空间用于停车，小李认为这并不是一件难事。但入住之后才发现，如果下班晚，有时甚至转悠四十多分钟后才能找到合适的位置，有时会停在附近的商圈地下停车位，但是高昂的费用也不是长久之计。每天晚高峰堵车的焦虑，紧接着还要面临寻找停车位的压力，无形中给小李的生活带来了困扰。事实上，在拥有数千人的庞大小区内，并非小李一个人面临着这样的烦恼，随着微信业主群里对停车位的吐槽和向 K 社区的投诉越来越多，K 社区居民委员会在了解相关情况后，欲解决该问题。

二、K 社区停车问题缘起

成都市 K 社区有居民户 6000 余户，居住人口 16000 余人，长期存在停车资源紧张、停车位难寻的情况。人口密度高的花园小区更是如此，在有产权的车位售罄、地面车位尽数出租的情况下，之后购车而没有车位的业主只能在社区内"见缝插针"式地停车。无序停车不仅破坏绿化带，还占据了消防通道，业主只能在夹缝中穿行，影响其他车辆的出入，长期如此引发了小区业主间及业主与社区之间的重重矛盾。这不仅影响到业主的生活、社区的和谐，更主要的是给小区带来安全隐患，一旦出现重大突发事件，连施救的车辆都无法进入，这将给整个小区居民的生命及财产带来重大损失。加之该小区面积大，严格管理难度高，时有外来车辆占用停车空位。车辆多、缴费少、停车乱是 K 社区车辆管理的三大问题，若不尽快综合治理，轻则居民服务跟不上，造成矛盾；重则会堵塞紧急通道，危及小区居民安全。

随着业主要求解决停车困难问题和矛盾纠纷的呼声高涨，K 社区居民委员会对该问题高度重视，积极推动解决。居民委员会对各小区业主委员会的工作开展负有指导义务，同时负有依法协助街道办事处开展相关工作的义务。停车资源紧张现象并非仅出现在花园小区，花园小区附近也有小区的业主委员会向居民委员会进行反映停车难的问题。居民委员会将社区停车资源紧张的问题向街道办事处进行专项汇报，希望能够通过"开源"的途径增加停车位。

街道办事处在听取居民委员会的专项汇报后，认为该问题事关民生，事情虽小但是却事关小区每一个住户的切身利益，折射出来的是人民群众对于人居环境改善的殷切期盼，与提升人民群众的幸福感息息相关。街道办事处将此情况上报区人民政府后，区人民政府决定给予一定资金补助，用于缓解停车资源紧缺的压力，鉴于花园小区是K社区辖区内最大的小区，鼓励其利用小区内充足的共有部分修建立体停车位，并能够对外开放，不仅供小区内部业主使用，同时起到缓解周边停车压力的作用。同时K社区居民也可以提出其他切合可行的方案，具体方案在居民自治范围内进行讨论确定，由居民委员会交由街道办事处，再由街道办事处提交至区人民政府进行审批。

三、社区协商前期工作

（一）居民委员会充分征求意见

在得到有关部门的大力支持后，K社区居民委员会的信心受到极大鼓舞，迅速指导花园小区业主委员会将区人民政府提出的方案在小区业主微信群里进行说明，并收集业主意见；同时，K社区居民委员会充分发挥社区党组织的统筹引领作用，通过组织牵线利用现有网络设施、系统平台等征求民意。业主委员会引导辖区党员、楼栋长、物业服务企业及小区居民代表发挥带头作用，鼓励大家畅所欲言，群策群力集中民智，以便在业主大会上进行讨论。

区人民政府提议的方案是，计划利用花园小区空间充分的优势，在原有停车位周边的绿地上改造，形成一片面积更大的空地，并在此基础上建设垂直循环立体车库。垂直循环立体车库操作比较简单，既可以插卡操作也可以凭密码进行操作，车辆从最高处下落仅需1分钟，车库的建设周期也短，可以建设2~11层，根据花园小区实际情况，计划建设5层，可在原有基础上增加75个停车位。而且车库比较智能且无噪声，可以根据车辆停放的所在位置就近从左或者从右下放车辆。在安全方面，车库装有红外线断电措施，在车库运行时只要有物体进入，会立即自动断电，同时车库运行中会有安全挡杆抬起，在车库运行结束前车内人员无法打开车门。区人民政府给予配套资金支持，不仅希望满足小区内居民的需求，还要有条件地对社外开放，以有效利用立体车库，满足周边小区、商业和部分车主停车的需求。

业主委员会倾向于采纳区人民政府的提议方案，原因在于政府提供主要资金支持，而这部分资金是全体业主无力承担的。但令业主委员会意外的是，业主对解决停车资源的问题讨论并不热烈。只有像小李这样没有固定停车位的业主积极发表自己的意见，而有固定车位的业主似乎在观望，并未发言；另外，老年群体由于智能手机的使用并不灵活，便直接上门找到业主委员会，强烈表达对修建立体停车库的反对意见。业主委员会对此忧心忡忡。

同时，有部分业主提出其他方案，建议借鉴其他地方的经验，将小区内绿化占地改造为二层立体停车库，另外在车库上部完全种植绿化，既增加了车库数量，又保持小区整体面貌没有受到太大影响，根据其他地方的经验来看，还能为小区增加美感，最重要的是业主们所享受的绿化面积并未因此降低，一举多得。

也有业主提出，不用大费周章建设新车库，只需将小区范围内的"僵尸"车辆及时清理，也能够腾出相当一部分停车位供业主使用，尤其是占用消防通道的车辆，应及时清理。另外充分利用现有条件，边边角角的地界也能规划出来成为新的停车位。还有已经租赁出去的停车位，如果长期不在家或者未使用，车主应当及时告知物管，由物管合理安排其他业主停车，毕竟共有部分属于业主共同拥有，大家都有权利使用。

还有业主提出，增加负二层地下室，就能增加用于停车的建筑面积；或者在现有的地下室空间内修建二层停车位，在原有范围内增加空间。

（二）明确协商议题

一时间，各类意见充斥着居民委员会这间不大的办公室，消息从四面八方传来，既有政府有关部门传达的意见，又有花园小区业主委员会不断递送的意见，还有小区居民提交的各种零碎的想法和建议，有十分支持的，有坚决反对的，也有持观望或怀疑态度的。

根据 K 社区征求意见的初步结果显示，占用绿地修建立体停车库这一提议，业主分化为支持、中立和反对三大阵营，明确表示支持的约占 20%，明确表示反对的也约占 20%，其余保持中立。关于征求意见中小区业主建议的其他方案，K 社区居民委员会向街道办事处、区人民政府汇报之后，区人民政府认为其他方案与修建立体停车库相比，确实很难达到缓解周边停车资源紧张压力这一目的，难以实现公共利益最大化，这与政府的初衷不一致，采取其他方案难以获得政府的资金支持。

结合各方面考虑，在政府予以鼓励和支持的情况下，K 社区居民委员会确定最终协商议题是"关于改造花园小区绿地修建立体停车库事宜"。由于占用的是花园小区全体业主所有的共有部分，该协商的难度在于如何满足各方需求使全体业主同意修建立体停车库。

（三）确定协商主体

协商议题事关社区公共事务和业主切身利益，K 社区居民委员会积极牵头，组织利益相关方进行协商。同时，根据法律规定，绿地改造属于全体业主共同决定事项，因此协商的形式为业主大会。参与此次业主大会的协商主体有区人民政府及派出机关街道办事处代表、社区党组织代表、居民委员会代表、业主委员会、业主监督委员会、物业服务企业代表和符合法律规定比例的小区业主等利益相关方。基于场地所限以及新冠疫情防控需要，此次业主大会以线下与线上同步方式进行，由居民委员会指导业主委员会在小区公共用房内布置会场，线下由各方代表参与此次会议，同步连线视频网络会议，全体业主通过线上会议可全程参与并自由发言，居民委员会再同步通过社区综合信息平台进行信息推送。

（四）提前通报协商内容

上述准备工作完成后，居民委员会通过社区综合信息平台、业主委员会通过微信业主群向全体业主提前通报协商内容。协商议题是关于改造花园小区绿地修建立体停车库事宜，初步向业主公示的信息是为缓解社区停车资源紧张压力，由区人民政府鼓励并出资在花园小区内修建一幢立体停车库，且该立体停车库可以向周边错峰开放。

四、社区协商的开展

（一）业主代表大会上利益相关方的意见

1. 老年人：坚决反对立体停车库的修建

自修建立体停车库提议公布后，就引发了老年人的极力反对。在召开业主大会之前，业主委员会每天都能听到老年人反对修建立体停车库的声音。张奶奶表示："好端端的空地一下子建起一个小楼，能行吗？我们还要散步、跳广场舞嘞！不能建！"王大爷也极力反对："既然是大家共有的土地，凭什么用来修车库呢？给我们老年人修个茶房不行吗？我就是看中了这里环境好、活动空间大才打算在这里安度晚年，修个停车库太影响美观了！"也有老年人担忧："平时我经常带着孙子孙女与其他小朋友玩耍，停车位增加了是否会导致车辆增加，造成安全隐患？"

在业主大会上，主持人阐述提议方案之后，老年人是最先发言的群体。街道办事处代表、业主委员会、业主监督委员会、居民委员会代表等认真记录，老年人群体的意见包括：一是立体停车库的修建影响花园小区的美观，不利于老年人日常休闲娱乐；二是小区针对老年人的娱乐设施本来就缺乏，此举更是忽略了对老年人群体的关心；三是日常就已经有许多外来车辆进出花园小区，如此全部开放对小区的安全产生影响，尤其是在老年人带孩子居多的情况下；四是如果确实要扩张停车位，可以采取清理现有车位的方式，重新规划统一安排；或者可以在部分区域改造修建二层停车位，但是不同意全面对外开放。

2. 没有停车位的业主：支持立体停车库的修建

没有停车位的业主认为，修建立体停车库是目前解决停车难问题最好的办法。首先，他们陈述了所遭遇的现实问题：每天的晚高峰，路上堵一个多小时才能回家，但到家之后却发现没有停车位。因为小区的停车位是先到先得，所以只能开着车一直找，有时候实在没有办法了就只能将车停在道路中间，但这属于违章停车，经常被罚款。所以政府出资修建立体停车库能够切实解决这一问题，希望能够得到其他业主的理解和支持。这是许多没有停车位业主的心声。

其次，他们认为其他提议方案难以缓解停车资源紧缺压力。无论是在地面还是在局部地下室空间内修建二层车库，面对巨大的需求量，这都是杯水车薪；另外据了解改造成二层的停车库的成本也并不低，政府能否予以支持还尚未可知。

最后，他们认为现有的异议是可以通过一定办法解决的，而停车资源问题必须要从开源上去解决，虽然老年人群体反映的问题确实存在，但并非不可解决。现有方案可以进一步细化，尽可能满足老年人群体的要求，只要能够修建立体停车库，没有停车位的业主愿意在其他方面作出让步。

3. 有产权车位的业主：中立观望

在最早搬入花园小区这一批的业主时，很多都购置了有产权的停车位，因此停车位已售罄；随着搬入户数的增加，业主大会表决同意将部分空地作为地上停车位，划分好区域进行编号并向小区业主出租，由于成都采取汽车尾号限行的措施，出于出行方便的考虑，购车的家庭在不断增加，有的家庭有两辆甚至三辆汽车，进一步压缩了之后入住和购车业主使用停车位的空间。作为并无停车压力的部分业主来说，是否扩展停车资源一直在观望中，对修建立体停车库持不置可否的态度。只有个别业主认为：自身未来还有购车的打算而且立体停车库若投入使用，因使用的土地是全体业主共有部分，因此产生的收益业主是不是可以享受到，从这些方面考虑，他们觉得可以修建；但如果从影响小区美观、外来人流量增多等方面考虑，认为不修建也有一定道理。

4. 租赁地面车位的业主：犹豫不决

对于已租赁固定地面车位的业主，由于租赁的是全体业主共有部分，并不具备办理产权的条件。在家庭车辆日益增加的情况下，从长远来看，他们也担心租赁期满后能否顺利续租，以及今后是否有足够空间容纳新购车辆等。但是在短期内这部分业主并没有停车难的压力，因此，他们的态度处于摇摆状态，有人认为车到山前必有路，没有必要那么着急立刻表态，也有人觉得人无远虑必有近忧，有隐患应该及时排除。

这部分业主们在业主大会上提出：一是如果同意修建立体停车库，里面的停车位是否可以对外出租；如果可以，租金相比于正在使用地面车位的租赁费定价更高还是更低？二是在对外开放的情况下，外来车辆增多，如何能够保证小区内部业主优先使用；如果并未解决小区业主的停车难问题，那么修的必要性并不大。三是因对外开放使用或其他途径产生的收益，应该如何进行分配，全体业主是否会被考虑在分红对象之列？四是物业服务费是否会因此有所调整？

（二）居民委员会协调各方利益冲突

城乡社区协商是中国特色社会主义民主政治建设的重要组成部分和有效实现形式，是最直接、最广泛的社会主义民主协商形式，是基层群众自治的生动实践，更是打造共建共治共享社会治理格局的重要举措。在听完与会业主的充分发言之后，居民委员会根据前期了解到的各方需求及现场部分业主的补充发言，作出积极回应，以争取寻求最大公约数，实现居民个体利益有效表达与社区公共性发展需求合理满足的有机统一。

1. 回应争议焦点一：立体停车库选址

综合前期提议方案，从拓展数量、修建成本和缓解矛盾程度来看，修建立体停车库是最佳方案，因此立体停车库地点的选定十分重要。居民委员会表示，修建立体停车库至少满足以下条件：一是在现有的停车位空地基础上修建，仅占用部分绿地面积，主要是从空间上增加停车位而非在平面上扩张，对小区内其他基础设施的建设影响会降到最低。二是选定的地点靠近小区大门，即外来车辆不会纵深进入小区内部，以此减少外来人员对小区的影响。此外，统一安排和控制外来车辆的进入，事实上对清理现有的外来车辆有一定帮助，能够引导规范他们有序停车。三是经过前期实地考察计算，停车库离业主最近的住宅楼之间的距离，无论是声音还是采光都不会受到影响。为了满足老年人的需求，可以在停车库的顶楼种植绿化进行装修，建造成老年人休闲娱乐的场所。四是与物业加强联系，确保立体停车库的修建过程中最大程度地降低对业主生活的影响。

2. 回应争议焦点二：立体停车库对外开放时间安排

立体停车库若建成，关于如何对外开放，以及如何保证小区内业主的使用，居民委员会提出：首先确定的是占用绿地的土地所有权归属全体业主，那么全体业主应有优先使用权，否则就失去了修建该停车库的基础和初衷。但是如何保证小区业主内部有优先使用权？根据业主委员会的提议，可以从对外开放的时间上进行错峰安排。根据小区的实际情况，每日17：00左右业主陆续下班回家，车辆开始驶入小区停车位，高峰期大约在每日18：00~20：00，该时段停车位需求量猛增；次日的8：00~9：00是车辆驶出的集中时间段，一直到下班前小区的停车资源相对充足，可利用该时间段对外提供停车服务。考虑到不与高峰期车辆冲突，可以预留一定的缓冲时间，因此对周边小区、商业和其他无处停车的车主等允许使用停车库的时间段为每日9：30~16：30，并明确告知每日17：00前须及时将车辆驶离，否则将设置更高的停车使用费。通过错峰安排，能够保证小区业主使用停车位。

3. 回应争议焦点三：立体停车库所有权归属

小区规划内车位与车库归属已经由《中华人民共和国民法典》明确，其不动产形态已被固化。但是充分利用地上空间修建的立体停车库，其产权形态却游离于建筑物、构筑物与设备之间，在现实中是一个尚存在争议的问题。关于立体停车库的所有权究竟归谁所有？这也是政府和全体业主关心的重点问题。街道办代表表示，区人民政府认为该立体停车库的修建是由政府财政拨款全额支持，同时也是出于公共利益考虑，所有权应归政府所有；但业主们认为，如果使用的是全体业主所有的共有部分，那么在该土地上建造的停车库应当属于全体业主所有。这一问题在初步讨论中尚未形成定论。

4. 回应争议焦点四：立体停车库收益分配

立体停车库的收益可能来自两个方面：一是对内向小区业主出租所取得的租赁费，二是对外收取的停车服务费。但所有权的归属问题与收益息息相关，如何平衡政府与全体业主之间、业主内部之间的收益分配。居民委员会表示，政府作为投资支持修建的主体，应当拥有取得收益的权利；而全体业主共同拥有绿地等公共区域，无论是否建有车位，业主都应作为取得收益的主体，该收益惠及全体业主；此外，待停车库投入使用后，需要物业服务人员需进行管理与服务，应考虑支付相关费用，但是物业服务人员并非能够取得收益的适格主体。最终提出将因立体停车库所取得的收益，按照一定比例在全体业主和政府之间进行分配。

（三） 政府再次组织协商未达成共识的问题

经过几轮协商，最后仍有两个问题未达成共识：一是关于立体停车库的所有权归属问题，二是是否面向小区业主租赁以及收益分配比例问题。

以上两项事宜事关全体业主，相比前几个问题的发言，所有权问题业主们发言态度积极。大家一致认为，立体停车库所有权应该归全体业主所有。其中一个年轻业主的发言具有代表性：立体停车库占用的是我们花钱买的地（指建设用地使用权），如果立体停车库归政府所有，那这个损失由谁承担？我们会得到相应的补偿吗？相反，如果我们不同意修建，且符合法律规定，这个立体停车库就无法修建。虽然我们理解政府出资修建的好意，但如果政府通过分红不仅收回了成本，还把立体停车库的所有权也拿走了，这个结果是我们没法接受的。而且即便政府取得了立体停车库的所有权，但政府是否能够管理以及如何管理呢？因此从长远来看，立体停车库由我们业主所有并自行管理、政府指导是最合适的。"

关于能否向业主租赁车位收费以及如何分配收益的问题，没有车位的业主十分支持进行车位租赁，反对修建以及已有车位的业主对此并未发表意见，他们更关心如何分配收益的问题。有业主提出："如果政府作为取得收益的主体，那么获得收益的时间上限没有明确。立体停车库会一直运营，政府就一直分红吗？"有业主建议："政府与全体业主共同获得收益的分配，到政府收回该成本为止，原因在于立体停车库的修建并非为了营利，而是出于公共利益；同时花园小区的部分业主实际是让渡了自己的权利，换取部分业主和周围居民的停车便利，本意也并非营利，政府取得收益时间截止到收回修建立体停车库成本是合理的。"大多数业主表示赞同，如果有上限，那么比例控制在合理范围内也可接受。

街道办代表最初表达的意见如下：一是政府作为出资主体应持有立体停车库所有权；二是为了提高立体停车库利用率建议取消固定租赁方式；三是就立体停车库所产生的收益，除去维护运营等必要费用，剩余收益在政府与业主之间分配。

在听取业主代表们的充分发言后，街道办事处代表表示："刚才大家说的都很有道理，尤其是所有权的归属问题，但是需要明确的是，无论归谁，占用绿地是业主们的共有部分，都无法办理产权登记，里面的车位是无法对外出售的，因此我们认为归谁所有只是形式上的问题，这里政府愿意让步，修建好后停车楼所有权归咱们全体业主共有。在我们做出让步的同时，希望大家能够考虑车位不对外租赁的方案，原因刚才也已经阐述，我们也是为了最大程度利用立体停车库。关于收益分配，事实上政府鼓励修建之时，就没有想能够收回建设成本这个问题。为什么这么说呢？一个停车位的建造成本，根据市面上了解约 3 万元起步，各方面成本总共至少要 300 万~400 万元。就按照市场上一般的停车收费标准，再除去日常维修等公共开支之后，如果再进行收益分配，政府在停车楼十年之内收回成本难度很大。而十年之后这个停车楼究竟是否可以正常运营，是否需要重建等，我们也不得而知。当然，提出以收回建设成本时间为限，我们表示赞同。"

居民委员会代表补充："根据错峰时间的安排，预计咱们居民下班回来停车不是一件难事，一定会优先保障我们小区业主的优先使用权。届时如果有新的问题，也欢迎大家积极反映。"

五、基本共识达成

在各协商主体参与民主协商、充分表达各自的诉求后，街道办事处代表、社区党组织代表、居民委员会代表均表示要拿出一个令各相关方都感到满意、更加完善并具有可操作性的方案，以期能够切实解决停车难问题。协商中的几个重点问题已基本达成一致：

第一，关于立体停车库用地范围，确定选址位于花园小区西门右侧原有的停车位空地，适当拓展占用周围绿地。在明确立体停车库用地范围后，还需解决土地利用强度、控制性规划指标等空间布局问题，但是这不属于居民自治事项范围，应严格依据国家法律规定解决。政府承诺立体停车库设计方案会将车流人流量增多给居民生活带来的负面影响降到最低。并同意在立体停车库顶楼规划茶坊，配套相应绿化，为小区居民提供一个固定优雅舒适的娱乐环境。

第二，关于立体停车库的对外开放时间，业主们同意居民委员会提议的每日9：30～16：30，该时间段符合附近商业圈的营业时间，能够满足流动量大且有短期停车需求的消费者停车需求，进而实现资源利用率的最大化。同时，物业服务人员负有确保小区业主的优先使用停车位的责任，当剩余车位数量低于10%左右，不再持续接受外来车辆泊车。

第三，关于立体停车库所有权归属问题。区人民政府取得收益的时间应截止到收回成本时。收回成本之后，如果立体停车库仍然可继续投入使用，所维系其运营的费用由全体业主共同承担，所取得的收益也属于全体业主共有，具体分配方案由业主内部进行讨论。

第四，立体停车库收益如何进行分配。首先，小区业主应当有优先停车的权利，同时小区业主的停车收费标准应当低于外来车辆收费标准。其次，关于分配比例，年终从取得收益中，扣除物业服务费用、立体停车库维护费用等公共开支后，剩余的收益由区人民政府与全体业主按各50%的比例进行分配，全体业主共同受益。最后，区人民政府与全体业主的收益分配时间，以一年为计算周期，物业服务人员作为实际收取立体停车库收益的执行人，由街道办、居民委员会指导其工作，业主监督委员会负责日常监督，并定期向全体业主进行公示，同时报居民委员会备案。

基于以上几点共识，各协商主体的需求均基本得到满足，业主大会上全体业主对修建立体停车库已基本无异议。

六、社区停车问题"难点"分析

（一）在解决社区停车问题过程中，公众参与度相比其他社区公共事务有大幅提高的原因

在解决 K 社区停车难问题过程中，公众参与度大幅提高，主要原因在于立体停车库的修建关乎每一位业主和居民的切身利益。以往会议的参加者大多是中老年人，青年人因为工作等原因并不热衷于参加公共事务的管理，然而备受停车难问题困扰的主要群体就是青年人。利益是最好的推动力，利益相关性的增强有效促进了居民的社区参与度。居民自治的参与度取决于相关利益的大小，自治有效性取决于利益相关性，两者的组合决定居民自治最有效的实现形式。

此外，随着科学技术的进步与提高，K 社区引入互联网技术，通过建立社区综合信息平台实现信息推送、投票统计，又通过社区网络议事平台收集和反馈居民意见，使社区居民突破时间和空间限制。因此，居民表达诉求空间更加充分，促使公众参与度不断提高。

（二）在协商过程中，各方利益冲突明显，且争议焦点涉及法律问题较多，造成这一现象的主要原因

数字时代和基层治理现代化加速了社区多元利益格局的形成。传统社区因为利益相关性不强，公众参与度较低，居民的利益差别和冲突并不明显或被掩盖。进入数字时代后，如前所述，随着智能技术的便捷使用，公众的参与度越来越高；而且随着基层治理现代化的推进，公共投入直接关乎居民切身利益，这也有效促进了居民的社区参与度。在这些因素的合力

作用下，各利益相关方的利益分化和冲突日益凸显。

争议焦点不仅体现利益差别和冲突，还涉及诸多法律问题。本案例中，关于立体停车库的所有权问题，无论是业主基于占地为全体业主共有部分这一理由，还是政府基于承担全部建造费用这一原因，两者均主张拥有所有权，似乎都有道理。但是，立体停车库的所有权问题本质上是一个法律问题，应当依据法律明确权利归属。与此相似，停车位服务收费的定价和分配也涉及法律规定。车位的售价谁说了算，租金又该怎么定，每个月的车位管理费是否有计价标准？这些都应当符合国家和地方法律法规的规定，利益的分配也应当按照法律规定的标准和程序来完成。这些是基层治理法治化的缘由。

（三）解决社区停车问题的共识方案难以达成的原因

社区民主决策关乎每一个参与者的自身利益，也关系到邻里和睦与和谐社区建设。正如哈贝马斯所言："公正的判断依赖于对以下问题的回答，即所有参与者相互冲突的需要和利益是否得到了应有的承认，是否从参与者自身的角度得到了考虑。"社区民主决策不能完全建立在投票民主的基础上，无法简单按照少数服从多数的原则展开。除了利益分化和冲突频繁，信息社会居民的诉求表达还有随机性和变动性较大的特点，个体的主张和诉求可能反复发生变化，由此导致共识达成的效率低下，居民自治的成本不降反升。

利益分化导致共识困境并非个案，而是一种常态。投票民主无法应对城市社区内层出不穷的利益分化和冲突，利益共识的最终达成有赖于协商民主。用哈贝马斯的话说，要对后果达成共识，最好的办法就是实际参与和理性沟通。而韦伯认为，工具理性使人们的行动摆脱了价值和道德判断，生活目标仅仅局限于功利追求，它所追求的合理性不是内容上是否合理的判断，而是处理方式是否正确的判断。在多元化和异质化的社区中，只有找到或制造出利益重叠的部分，居民之间的利益共识才有望达成。

七、结语

据公安部统计，2021 年全国机动车保有量达 3.95 亿辆，其中汽车 3.02 亿辆；机动车驾驶人达 4.81 亿人，其中汽车驾驶人 4.44 亿人。2021 年全国新注册登记机动车 3674 万辆，新领证驾驶人 2750 万人。全国有 79 个城市的汽车保有量超过百万辆，同比增加 9 个城市，35 个城市超过 200 万辆，20 个城市超过 300 万辆，其中北京、成都、重庆超过 500 万辆。随着经济不断发展，城市小汽车保有量增速态势非常明显，随之而来的是车位供需矛盾日益突出，以社区为单位，如何通过商谈凝聚居民共识，利用现有资源缓解停车资源紧张的压力，是一个需要不断探索和付诸实践的问题。事实上，关于花园小区未来立体停车库的建设，仍然存在一些难以预测的问题，例如：

第一，相较于传统停车位，立体停车库停车对车辆大小、车辆操作、取车耗时等方面要求更高，尤其是高层的停车位使用率较低。花园小区立体停车库建成后，是否能够达到预期使用率以及业主满意度，需要经过时间和实践的检验。

第二，如果收益不高，立体停车库使用年限期满不一定能够收回投资成本，一旦发生该情况，政府是否有权追索剩余投资成本。因此在建设之初，应明确政府出资在花园小区修建立体停车库究竟属于政府参与基础设施建设的投资行为，还是为了公共利益而出资建设的公益事业。

第三，如果未来在立体停车库范围内发生人身损害等意外事故，在全体业主共有该土地使用权、政府实际出资建设、物业服务人员负责日常管理的三方主体下，应当由哪一主体主导并协调各方来进行事故调查处理等。如何确定责任承担主体？

思考题

1. 利益相关性与公众参与度的关系是什么？社区自治中利益相关者

的权利基础是什么？如何适用建筑物区分所有权制度解决停车库所有权问题？

2. 社区协商是否应当通过业主大会的形式开展？"居民"身份与"业主"身份有什么不同？居民自治与业主自治的联系和区别是什么？

3. 如何通过民主商谈程序就社区停车资源共建共治共享达成共识？社区协商的功能与意义何在？制度在这一领域有何作为？

参考文献

[1] 夏永梅. 智慧城市背景下居民自治的发展困境与法律应对 [J]. 求是学刊, 2020, 47 (2): 132 - 142.

[2] 老旧小区停车难无法解决？这个社区的生动案例给出了答案. http: //www. chengtu. com/forum. php? mod = viewthread&tid = 626916. 最后访问日期: 2022 年 6 月 30 日。

[3] 周洁薇, 多元主体参与, 社区停车难题的解决之路. 社工客, 2020 年 7 月 31 日. https: //m. sohu. com/a/410777216_491282. 最后访问日期: 2022 年 6 月 30 日。

[4] 促小白的故事: 老旧小区停车难问题如何解决. 个人图书馆, 2020 年 2 月 20. http: //www. 360doc. com/content/20/0220/17/34771300 _ 893438824. shtml. 最后访问日期: 2022 年 6 月 30 日。

[5] 2021 年全国机动车保有量达 3. 95 亿, 新能源汽车同比增 59. 25%. https: //www. mps. gov. cn/n2254314/n6409334/c8322353/content. html. 最后访问日期: 2022 年 6 月 30 日。

[6] 旧貌换新颜！佳木斯市顺和小区安装立体停车位加装电梯, 打造社区公园. 黑龙江网. 2021 年 6 月 22 日. https: //mp. weixin. qq. com/s/ eWSxsxBkpO5bnJ7xFzZymQ. 最后访问日期: 2022 年 6 月 30 日。

[7] 二七区: 老旧小区有了立体车库, 让停车不再难. 中共二七区委宣传部郑州晚报社. 2021 年 10 月 22 日. https: //mp. weixin. qq. com/s/ gu8m7w7FZn50sLqUJks_3g. 最后访问日期: 2022 年 6 月 30 日。

　[8]（2017）最高法民申 2817 号民事裁定书：重庆市豪运房地产开发有限公司、重庆市九龙坡区西彭帝景豪苑业主委员会车位纠纷再审审查与审判监督民事裁定书。

第二部分　案例使用说明

一、课前准备

（1）请学生提前一周阅读相关案例材料，要求学生熟悉案例内容并自主查询阅读相关资料，初步了解利益相关者理论、商谈民主理论、公众参与理论等与社区共建共治共享相关的理论，并结合案例归纳提炼出三个问题。

（2）布置学生收集整理近两年内本市有关社区停车问题的新闻报道和访谈记录，重点整理社区停车资源共建共治共享中各方利益群体的诉求差别和协商模式以及解决方案。

（3）按照利益群体对学生进行分组，通过角色扮演模拟商谈过程，让学生充分体会基层多元利益主体的利益差别与冲突、社区治理的困境以及基层协商民主的功能和价值。

二、适用对象

本案例主要适用于公共管理硕士（MPA）《公共管理学》《公共政策分析》等课程的学习，也适用于法学（法律）硕士在法学与管理学交叉课程方面的学习。

三、教学目标

1. 在知识层面，要求学生掌握利益相关者理论、商谈民主理论、公众参与理论等与社区治理相关的概念、理论和方法，要求学生尽量运用相关理论分析、讨论案例中的焦点问题，加深理论学习，提升理论修养。

2. 在技能层面，要求学生运用科学知识理性分析社区资源共建共治共享改革行进中的痛点、难点问题，培养学生发现、分析和解决问题的能力，增强学生理论素养和实践技能。

3. 在价值观和思维方式层面，要求学生用辩证的、理性的思维方式客观地看待社区治理面临的困境，基于多元视角理解和把握基层治理现代化的内在逻辑和价值取向。

四、教学内容及要点分析

（一）案例涉及的理论及要点

1. 利益相关者理论

1984 年，弗里曼（Freeman）在他的著作《战略管理：利益相关者分析》里首次提出了利益相关者理论（Stakeholder Theory），并将"利益相关者"（stakeholder）定义为"任何能影响组织目标的实现或受这种实现影响的团体和个人"。经济学家斯威齐（Sweezy）则将"利益相关者"定义为"受组织活动的影响并且有能力影响组织活动的人"。利益相关者理论旨在通过分析利益相关者对企业经营环境的潜在影响进而决定适用对策。传统的组织秉持股东至上的原则，认为增加财富是组织管理的重心。利益相关者理论则认为，组织应当综合平衡各个利益相关者的利益要求。企业不能一味追求财务业绩，还应当关注其本身的社会效益。企业管理者应当了解并尊重所有与组织行为和结果密切相关的个体，尽量满足他们的需求。利益相关者理论将利益相关者的范畴缩小到主要的、合法的个体和团体，排除了同企业运营和企业目标相去甚远的部分。

2. 社区自治理论

在我国宪法和法律中，社群意义的自治包括民族区域自治、特别行政区自治和基层群众自治三个维度。基层群众自治依托于城乡社区的居民委

员会和村民委员会制度运转。从基层社会的空间结构来说，社区（commu-
nity）是最基本的自治单元（unit）。基层自治的根本含义是，在一定的治
理空间内，具备在地化解决"问题"（issues 而非 problems）的体系和能
力，即一定治理空间内所产生的问题不会也不需要外溢，而是依靠这一治
理空间本身的治理体系、资源和能力在当地就能得到解决。基层自治落实
到社区自治，需要在地化解决的"问题"（issues）有两层含义，一是积极
意义上的"社区需求"（community needs），二是消极意义上的"社区纠
纷"（community conflicts）。社区自治是从"空间"而非"组织"的角度来
理解基层群众自治，其实践形态非常复杂。在城乡社区中，公共利益的相
关方以及公共事务的参与者是多种多样的，社区自治的良好实现必须依赖
建于规则之上的基层治理结构。

3. 公众参与理论

公众参与的概念起源于政治领域。俞可平认为，公众参与就是公民试
图影响公共政策和公民生活的一切活动，不仅包含了政治参与，还包括对
公共的文化、经济和社会生活的参与。现代社会是利益多元化的社会，公
众参与有助于克服不同群体因社会经济地位不同带来的公共政策或决策影
响差异，提供给弱势群体一个影响政策的渠道。现代民主本质上要求在服
从多数、尊重少数的基础上达成共识，最大限度地实现共同利益。传统的
代议制民主可能造成过分注重多数人意见而忽视少数人利益的情况，公众
参与可以有效弥补这一不足。公众参与有利于促进不同利益团体之间的理
解与合作，可以最大限度地满足各方利益，最终实现对共同利益的维护。

4. 商谈民主理论

商谈民主理论是 20 世纪 90 年代以来兴起的一种新的民主理论，是对
竞争性民主模式的反思与替代，它的兴起与发展是当代社会利益多元化的
现实反映。对商谈民主理论阐述得最深刻、最系统的学者是哈贝马斯。哈
贝马斯的商谈民主构想的核心要素是商谈与共识，即动员所有利益相关者
参与协商、讨论、对话和交流，从而形成一种公民间的政治共识。商谈民
主理论认为，在价值多元的时代，人们的思想意识、道德观念和生活方式
等不可能完全统一，人与人之间伦理关系的调整，社会共同规范的制定和

维护等都可以通过商谈来进行，只要关于妥协的谈判是在所有的利益相关者平等参与的基础上进行的，只要这种谈判允许有平等的机会让彼此施加影响，并同时为所有的利益相关者创造大致平等的实施机会，这样达成的协议就可以被视为是公平的。

（二）案例思考题分析要点

1. 利益相关性与公众参与度的关系是什么？社区自治中利益相关者的权利基础是什么？如何适用建筑物区分所有权制度解决停车库所有权问题？

在解决停车难问题过程中，较之以往的社区公共事务，K 社区居民委员会发现此次业主和居民的公众参与度都有大幅提高，造成这一现象的主要原因是利益相关性增强。换言之，利益相关性与公众参与度二者之间是正相关关系。立体停车库的修建关乎每一位居民的切身利益。以往会议的参加者大多是中老年人，青年人因为工作等原因并不热衷于参加公共事务的管理，然而备受停车难问题困扰的主要群体就是青年人。利益是最好的推动力，利益相关性的增强有效促进了居民的社区参与度。

传统模式下，在社区自治的具体实践中，多表现为民主选举，涉及民主决策、民主管理和民主监督的公共事务较少。偶有需要召开居民会议或居民代表会议的事项时，参加者也大多是中老年人，青年人因为工作或抚育子女等各种原因并不热衷于参加居民会议或居民代表会议，社区青年普遍"缺席"社区或院落公共事务的管理。对理性的现代人而言，参与公共事务至少需要支出时间成本，如果收益甚微，经过计算的理性人就有可能放弃行使权利。换言之，社区自治的参与度取决于相关利益的大小，自治有效性取决于利益相关性。

当今社会是一个多元化和异质化的社会。社区居民基于多层次、多类型的利益需求和偏好形成多样化的利益群体，这些利益需求差异或冲突是社区自治的前提和基础。数字时代加速了社区多元利益格局的形成，也促使利益分化与冲突浮出水面。信息社会的表达机制覆盖了一切"有网"的人，社区内各个利益群体均可以发声。于是，往昔被掩盖于社区"利益共同体"概念下的利益分化和冲突随着话语权的重新分配而日益凸显。

一般而言，参与社区自治的"公众"是指社区"居民"，而非指基于小区产权性利益基础形成的"业主"。依据《宪法》规定，城市按居民居住地区设立的居民委员会是基层群众性自治组织。居民委员会主任、副主任和委员，由本居住地区全体有选举权的居民或者由每户派代表选举产生。由于关乎"居民"认定具体标准的法律文件位阶较低，各地的实施细则内容存在一定差异，加上对"居民"身份的确认程序需要依申请而启动，导致实践中很多城市流动人口未能参与所在社区居民自治的活动。如今，智慧城市建设提高了居民与社区公共事务的利益相关性，"唤醒"了社区成员的"居民"意识，使"居民"身份认同增强。

建筑物区分所有权制度主要调整相关当事人由于对建筑物区分所有从而形成的权利义务关系，是指多个区分所有权人共同拥有一栋区分所有建筑物时，各区分所有权人对建筑物专有部分所享有的专有所有权、对建筑物共用部分所享有的共用部分持份权以及因区分所有权人之间的共同关系所产生的成员权的总称，是我国民法物权的一项重要制度。根据《中华人民共和国民法典》第二百七十一条规定："业主对建筑物内的住宅、经营性用房等专有部分享有所有权，对专有部分以外的共有部分享有共有和共同管理的权利。"由此可知，建筑物区分所有权是由专有权、共有权和共同管理权组成的，具有集合性或复合性，是一种特殊的不动产物权。

本案例中关于立体停车库的所有权问题，也可参考适用建筑物区分所有权制度。根据《中华人民共和国民法典》第二百七十五条："建筑区划内，规划用于停放汽车的车位、车库的归属，由当事人通过出售、附赠或者出租等方式约定。占用业主共有的道路或者其他场地用于停放汽车的车位，属于业主共有。"规划内车位车库是建筑单位在开始建造之初经规划部门批准，并于建造完成后可以办理产权登记的车位。这种车位具有独立性、可分性，建设单位可以通过出售、附赠或出租等书面合同方式，对车位、车库所有权、使用权的归属作出明确约定。非规划内车位是占用业主共有的道路或者其他场地用于停车形成的车位，没有在最初批准的项目建设规划中，所占用的道路或者场地属于业主共有财产，维护费用作为公摊费用由全体业主承担，后续改扩建车位也应由业主共有。

为避免建设用地使用权和地上建筑物所有权权利主体不统一的情形出现，并避免不动产法律关系的复杂化，我国立法确立了"房地一致原则"，俗称"房随地走""地随房走"原则。本案例中立体停车库占有绿地为全体业主共同共有的土地使用权，那么，根据这一原则，在全体业主共同共有的使用权土地上建造的立体停车库，也应推定属于全体业主所有。

2. 社区协商是否应当通过业主大会的形式开展？"居民"身份与"业主"身份有什么不同？居民自治与业主自治的联系和区别是什么？

我国城市社区中存在着居民自治和业主自治两种自治机制。长期以来，由于利益相关性较低，社区居民自治内生动力不足。相较而言，基于小区产权性利益基础的"业主"身份比"居民"身份更受社区成员的认可。实践工作中，社区事多人少，所以工作人员经常把居民委员会承办的事项交由业主委员会组织完成，业主自治渐渐与居民自治相融合。业主委员会作为居民委员会向下延伸的自治组织，也承担了许多社区公共事务。以 K 社区为例，社区共有 18 个居民院落，其中 8 个有物业公司的院落选举产生业主委员会，实行业主自治，另 10 个没有物业公司的小区选举产生院落委员会，实行院落自治。实行业主自治的小区，业主委员会除管理本小区公共事务外，物业管理公司除了为本小区业主提供物业服务外，还分担了居民选举、人口普查、电梯加装、卫生防疫和社会治安等社区公共事务。

居民自治是社区居民基于公民权，以居民委员会为平台，依据相关制度规范，自主管理社区。居民委员会的工作大体可以分为两个方面：协助基层政府开展工作和管理本自治体内部事务。当它协助基层政府开展工作时，所行使的是经由基层政府委托的国家公权，只有当其管理本自治共同体内部的公共事务时，才行使的是基层自治权。从 20 世纪 90 年代后期开始，在民政部门的积极推动下，我国各城市纷纷开展了以居民自治为基本制度设计的社区自治的试点和推广。居民自治的基本运行机制是由社区居民选举产生居民委员会作为自治组织，居民委员会根据居民的意愿来管理社区事务，并接受街道办事处的指导。

业主自治是社区业主基于物权、以业主委员会为平台、依据相关制度规范，自主管理社区事务的过程。其基本目的是要实现对房产的使用和管理，以及由此延伸出的对社区秩序和环境的维护。业主自治的产生是我国城市住房制度改革以及由此伴生而来的业主维权活动的结果。在货币分房政策下，政府和单位不再承担房产的日常维护和管理任务，而将这一职能转移给了市场，以房产为核心的物业和物业管理服务成为"商品"，城市居民需要以契约的方式向房地产开发商和物业服务企业购买。于是"业主"成为了城市居民一个新的身份。业主自治基于业主的建筑物区分所有权而产生。

实践中，居民委员会与业主委员会以及物业公司之间的职能交叉掩盖了业主自治与居民自治的本质区别。二者的区别在于：首先，法律依据不同。居民自治的法律依据是《城市居民委员会组织法》，业主自治和物业管理的法律依据主要是《物权法》和《物业管理条例》。其次，权利基础不同。居民行使民主参与权的前提是在"本居住地区有选举权的居民"，可见居民自治的权利基础是公民权。而在业主自治中，业主权利的行使基础是物权，业主自治是小区业主基于物权自主管理小区公共事务的过程。最后，投票计算方式不同。居民自治中投票的形式是居民直投、户代表投票或居民代表投票，计票方式是"一人一票"或"一户一票"。而业主自治中，业主大会行使权力遵循面积和人数"双重计票"的规则。在社区自治实践中，业主自治不断扩展到居民自治的领域，而作为居民自治下沉的院落自治也开始涉足物业管理的内容。

3. 如何通过民主商谈程序就社区停车资源共建共治共享达成共识？社区协商的功能与意义何在？制度在这一领域有何作为？

社区协商是中国特色社会主义民主政治建设的重要组成部分和有效实现形式，是最直接、最广泛的社会主义民主协商形式，是基层群众自治的生动实践，更是打造共建共治共享社会治理格局的重要举措。社区协商是地方政府探索基层协商民主的重点方向，多地在激发基层社会共治内生动力方面进行了多层次多样性的实践，探索出城市社区协商的多种有效形式。

协商民主的基础是公民间的理性商谈和沟通互动。参与者不仅要为自己的主张进行合理性说明和解释，以期改变他人的想法；而且也需要聆听他人的意见，并相应重新评估和修正自己的观点。协商过程不仅强调最终结果的数量，更强调协商结果的质量，进而找到最大公约数。社区协商是多元主体间的协商和沟通过程。协商民主不仅尊重多数的意愿，而且基于集体理性反思得出的结论，具有超越个体自我利益与局限的优势。

社区协商民主的场域包括街道、社区和居民小区三个层次。这三个不同层次的社区协商因其内容的差异而具有不同的功能面向。街道层面的协商已经超出了单纯的社区协商而上升到行政协商，其实质是围绕涉及社区居民利益的公共事务而展开的行政协商；社区是介于街道与居民小区以及小区居民之间的中间层面，是中国城市基层治理中街居体制的重要构成部分；居民小区是社区最重要的构成单位，是由居民个体直接组成的"天然共同体"，也是社区自治的基本单位。

对于街道层面的社区治理来说，协商民主具有以下作用：第一，形成城市基层社会对政府的认同；第二，是新时期党的群众路线的体现；第三，有助于提高基层政权决策的合法性与人民民主的真实性；第四，有利于规避治理风险，减轻政社矛盾、官民矛盾。社区层次的协商民主主要发挥以下功能：第一，形成社区的认同感与归属感；第二，形成社区的民主治理；第三，协商解决社区纠纷。在居民小区层面，协商民主发挥以下功能：第一，整合小区居民；第二，民主治理小区的公共事务；第三，实现小区内部的和谐与稳定。

社区协商是多元利益的协调和整合过程。当利益相关方感觉到与自身利益息息相关，而且通过参与、沟通能有效维护自己的利益时，自然会积极、理性参与社区的各项事务。一方面，在公共事务的讨论、审议和协商中，共同制定和优化政策，从而能够更好地反映普通公众的利益需求。由于协商决策凝聚了协商共识，政府能够在政策制定或执行过程中充分考虑各方利益诉求，实现社会利益的协调和整合，从而扩大国家决策合法性基础，使决策的执行更顺畅，降低执行成本。另一方面，相比社区管理层闭门决策，在协商的过程中，尽管有不同的意见，参与者被要求在相互尊重的基础上交换意见。既能反映多数人的普遍愿望，又能吸纳少数人的合理主张，能够最大程度地满足广大人民群众的需求。

作为一种治理模式或者民主模式，城市社区协商民主有其适用的领域。根据《关于加强城乡社区协商的意见》，城市社区的协商内容包括：城市经济社会发展中涉及当地居民切身利益的公共事务、公益事业，当地居民反应强烈、迫切要求解决的实际困难和矛盾纠纷，党和政府的方针政策、重点工作部署在城市社区的落实，法律法规和政策明确要求协商的事项，各类协商主体提出的协商需求等事项。

在一个多元化和异质化的社区中，每一个居民的诉求都应当得到尊重。平等的对话、各方利益的兼顾与平衡更有助于维护社区邻里的和谐氛围。在社区共同体内部，任何单纯以投票、表决、命令为工具的强制性的自治方式都可能伤及少数群体的利益和情感。社区协商议事机制能够通过商谈发现或制造利益重叠，有效促成社区居民利益共识的达成。哈贝马斯对在多元主义条件下如何通过商谈达成共识展开了详细的讨论。在他看来，商谈的目的是对于"什么可以被通约化"达成一种共识。在这种构建中，个人的需要和诉求以及兴趣不必也不能被排除出去。而程序性的制度规定是协商民主得以实现的重要保障，因此有必要将协商自治纳入"硬治理"，通过地方立法予以规制。

五、教学安排

本案例可以作为专门的案例讨论课来进行。按照时间进度，建议课堂计划做如下安排。

1. 案例背景及内容的课堂介绍（15分钟）

对C市K社区停车资源共建共治共享的案例进行介绍，重点说明在本案例中呈现出的利益冲突和民主协商的过程；明确教学目的、讨论主题以及课堂计划和时间安排。

2. 第一阶段课堂讨论（40分钟）

按照思考题的顺序要求，把课堂讨论过程分为3个小节，每小节15分钟，依次在PPT上打出讨论问题，由各小组派1名同学进行陈述，其他同学补充。

3. 启发点评（15 分钟）

进行思考题理论依据、解析思路的探讨，教师可根据教学要求，简单介绍本案例中涉及的相关理论，并进行思考题解答分析。

4. 第二阶段课堂讨论和总结（20 分钟）

在教师启发点评的基础上，引导学生进一步课堂讨论，并进行归纳总结。

六、参考资料

［1］秦攀博．公众参与的多维审思：分化与融合［J］．求实，2019（6）：15 − 27，107 − 108.

［2］郭静静，凌学东．我国立体车库产权探析［J］．法学杂志，2017，38（11）：136 − 144.

［3］胡佳，孙鲁毅．寻求最大公约数：城市社区协商的运行逻辑与实践路径［J］．中共天津市委党校学报，2021，23（3）：88 − 95.

［4］汪仲启，陈奇星．我国城市社区自治困境的成因和破解之道——以一个居民小区的物业纠纷演化过程为例［J］．上海行政学院学报，2019，20（2）：53 − 61.

［5］夏永梅．智慧城市背景下居民自治的发展困境与法律应对［J］．求是学刊，2020，47（2）：132 − 142.

［6］徐映雪．如何界定建筑物区分所有权的专有部分与共有部分［J］．资源导刊，2022（5）：52 − 53.

［7］张敏．城市社区协商民主的功能面向与制度化建设——基于后单位社会视角［J］．城乡规划，2017（4）：20 − 27.

［8］朱光喜．居民自治与业主自治：两种社区自治机制的比较——基于公共事务自主治理理论的视角［J］．广东行政学院学报，2012，24（4）：42 − 46.

案例九　我国地铁安全防控的现状及对策研究
——以广州地铁四号线刑案为例

张　晶　　彭　焱[*]

摘　要： 地铁作为我国城市建设的基础部分和关键内容，为我国经济和社会的发展提供了重要助力。但由于该公共空间本身的特殊性，在安全防控方面存在着如立法不健全、工作机制不完善、防控力量不充足等问题。本案例旨在通过 2011 年广州地铁四号线发生的刑案，挖掘地铁交通恶性事件的根本成因，分析我国地铁安全防控中存在的薄弱之处，为城市轨道交通的安全建设疏通制度堵点，明确各方主体的安全责任以实现协同治理，从而寻求能够进一步加强我国地铁安保的现实路径。

关键词： 地铁；安全防控；社会共治；城市交通

第一部分　案　例　正　文

一、引言

2011 年 3 月 5 日晚上 7 时，广州地铁四号线新造站，阿莹（化名）拖

---

* 张晶：西南交通大学公共管理学院；彭焱：西南交通大学公共管理学院。

着行李箱刚从 A1 出口自动扶梯行至地面时，前男友顾万军迎面走来拉住她质问"为什么不回短信"，阿莹想挣扎着逃走。纠缠了几分钟后，顾万军掏出事先准备好的辣椒粉朝阿莹撒过去，然后抢起菜刀对阿莹的脖子、肩膀一通猛砍，阿莹当场死亡，顾万军拨打报警电话投案自首。

当时正是地铁人流量的高峰期，在整个事件过程中，地铁站保安霍某等人因受到惊吓，没有实施任何制止行为。

二、广州地铁四号线刑案经过

（一）案件过程：逐步浮出的地铁安全问题

2011 年 9 月 15 日，广州市中级人民法院以故意杀人罪判处顾万军死刑，剥夺政治权利终身，赔偿死者家属经济损失 22.7 万余元。判决后，顾万军没有就民事部分提出上诉，但并未向死者家属进行任何经济赔偿。而死者的母亲和女儿认为广州市地下铁路总公司（以下简称"地铁公司"）未尽合理的安全保障义务，遂将其告上法庭，请求法院判令被告赔偿原告刑事附带民事赔偿总额的 20% 即 4.5 万余元。

2012 年 11 月 23 日，广州市番禺区人民法院依法开庭审理了该案。法庭上，原告方认为，地铁公司没有尽到安全保障义务，在顾万军没有赔偿的情况下，应当承担补充责任。

随后地铁公司不服一审判决提出上诉认为，本案犯罪行为已经超出安全保障义务范围，原审判决自己承担补充赔偿责任缺乏依据。

死者家属认为，地铁公司在本案被害人遭受损害时，没有在第一时间对损害的发生进行制止，没有尽到安全保障义务，应当承担 20% 的补充责任。

（二）争议焦点：地铁公司安保义务的界定

案件发生后，就刑事犯罪是否超出安保义务范围这一焦点问题，死者家属与地铁公司的意见截然不同。死者家属认为案件发生时，地铁公司未尽合理的安全保障义务，从而将其告上法庭，请求法院判令被告赔偿原告刑事附带民事赔偿总额的 20% 即 4.5 万余元。地铁公司在一审时则辩称，其对地铁站内发生的刑事案件，并不应承担安全保障义务。地铁保安并非地铁公司员工，地铁公司员工在赶到现场前刑事案件已发生，地铁公司对事故的发生并无过错。

广州市番禺区人民法院审理认为，本案是因第三人侵权导致损害结果的人身损害赔偿纠纷，应当由实施侵害行为的侵权人承担赔偿责任。地铁公司设立经营广州地铁四号线新造站，作为该场所的经营者，应当尽合理限度范围内的安全保障义务，为乘客提供合理的安全保障。事发当晚，被告在经营场所内未能及时有效地防止和制止争斗，导致事态恶化，说明其在经营管理上确实存在过错，致使被害人在该环境中遭受侵害。根据被告地铁公司在本案中的过错，应当承担 20% 的补充赔偿责任。被告向原告承担责任后，可以向直接侵害人追偿。

随后地铁公司不服一审判决提出上诉认为，本案犯罪行为已经超出安全保障义务范围，原审判决自己承担补充赔偿责任缺乏依据。地铁公司作为一个为公众提供交通运输服务的企业，应当承担的安全保障义务仅限于保障购票进入地铁站内的乘客不因地铁设备和场地存在瑕疵而受到伤害。本案中被害人遭受犯罪行为的侵害，有别于一般的民事侵权行为，侵害来源于刑事犯罪行为，此危险不受地铁公司控制，所以该公司没有义务保障乘客不受犯罪行为侵害。

死者家属则认为，地铁公司应承担的安全保障义务，不仅要保证其经营管理的设备安全，还要保证在其服务范围内乘客及公共区域人员的人身安全，如派驻保安员和消防值班人员。在本案被害人遭受侵害时，地铁公司没有在第一时间制止侵害行为，没有尽到安全保障义务，应当承担 20% 的补充责任。

（三）判决结果：正义得以伸张，地铁安保仍需加强

根据被告人顾万军的犯罪事实、情节及对社会的危害程度，依照《中华人民共和国刑法》《中华人民共和国民法通则》《最高人民法院关于审理

人身损害赔偿案件若干问题的解释》等法律规定，判决：被告人顾万军犯故意杀人罪，判处死刑，剥夺政治权利终身；被告人顾万军自本判决发生法律效力之日起十日内，赔偿附带民事诉讼原告人经济损失人民币227015.35元。

而针对死者家属对地铁公司提起的诉讼，即使地铁公司不服一审判决，提起上诉，坚持本案犯罪行为已经超出安全保障义务范围，原审作出承担补充赔偿责任的判决缺乏依据。广州市中级人民法院二审认为，地铁公司作为广州地铁四号线新造站的经营者和管理人，应当对在站场内的乘客尽到安全保障义务。但是在案发过程中，地铁公司没有及时采取措施防止和制止事态的恶化，对地铁站内的乘客没有尽到安全保障义务，对被害人的死亡有过错。故依法驳回上诉，维持原判。

（四）深度剖析：地铁安全防控成关键

目前，我国城市轨道交通的建设正值快速发展期，地铁作为城市轨道交通的重要组成部分在解决交通拥堵、推动经济发展方面发挥着巨大作用。然而随着地铁的投入使用，发生在地铁空间中的恶性事件也逐步增多。例如，2019年5月17日，吴某涛、陈某生和李某铁等五名乘客以拍摄恶搞视频赚取人气和点击量为目的，在深圳地铁七号线列车运行过程中大喊"所有人趴下，小心地雷"等话语制造恐怖假象，造成地铁运营秩序的严重混乱，构成编造虚假恐怖信息罪；2017年2月10日，香港地铁尖沙咀站发生疑似乘客自焚纵火事件，造成十余人受伤。

这些地铁安全事故时刻警醒我们，在加快地铁建设的同时应当将其安全问题放在首位。加强地铁安全防控，不仅是我国加快社会治安防控体系建设中的一项重要任务，也是保障城市经济正常、高效运转，保障我国城市建设稳定与安全的重要环节，有利于构建和谐稳定的社会秩序的构建，从而推动全社会形成维护国家安全的强大合力。

三、打击犯罪与地铁安保的必然联系

地铁作为较为封闭且人员聚集的场所，使不法分子有可乘之机，因此，暴力恐怖犯罪活动一旦发生在地铁内，人员疏散以及伤员救援等相关工作的开展难度较大，尤其是在早晚高峰节点，可能会造成难以预计的人员伤亡和财产损失，导致严重后果。

基于此，我国高度重视地铁恶性犯罪问题，积极谋求有效的防治措施，这也是我们党和政府反复倡导加强地铁安全防控的重要目标任务。此外，相较于单纯的事后严刑峻罚而言，将正当的事前预防措施与适当的刑事处罚相结合的犯罪预防和打击方式更加符合现代人权保障思想的价值追求。城市地铁的安全防控工作恰恰强调了有关主体要将对地铁恶性犯罪行为的事前预防与事后惩治结合起来，由此产生制度效应尽可能地从源头上预防犯罪发生。

四、我国地铁安全防控的现状

（一）我国地铁安全防控已取得的成效

近年来，我国从地方到中央高度重视地铁安全防控工作。在城市轨道交通网络化运营、客运量持续快速攀升以及运营安全压力增加的新形势下，相关法律规范的制定和完善无疑为我国开展地铁安全防控工作提供了法律支持，有利于规范地铁运营并保障公共安全，保障城市功能的正常运转。

另外，我国为保障地铁治安防控落实到位还采取了一些较为具体的综合治理措施。例如，地铁安检制度，即运营单位按照相关规定对乘客的人身以及携带物品公开进行安全检查，能在一定程度上防止可能威胁地铁运行安全的违禁物品或者危险物品进入地铁，从源头上保障地铁安全运行。从实践来看，北京市自2008年奥运会召开时便引入了地铁安检并获得一致好评，在上海、广州、深圳等大城市，地铁安检已经成为一种常态性的安全防控措施。在这个过程中，还有一些城市积极创新防控措施，不断为我国地铁治安防控建设注入新鲜血液，开拓新思路。

（二）我国地铁安全防控存在的现实困境

任何事物都具有两面性，其成长和发展的过程绝非一蹴而就，而是需要立足于具体实践，在实践中发现和解决问题，因此，值得注意的是我国地铁安全防控建设在取得显著成效的同时，也仍然存在一些薄弱环节需要进一步巩固和完善。

地铁安全防控立法不健全，地方性政策法规及相关行业标准有待进一步制定与完善。尽管前文中提到了我国部分城市已经开始制定和完善与轨道交通相关的法律规范，但这些大多是综合性较强的管理法规，有关规定在表述上较为笼统、概括，缺少针对地铁交通安全运营的专门性规定。与此同时，在具体的实践过程中，地铁安全防控相关的法律规范体系尚未形成，地方的行业性标准也未得到落实，这导致当前我国地铁安全防控建设的统一性与协调性不足。

第一，现有的地铁安全防控工作机制不完善，有关部门之间的协调合作以及整体联动防范能力需进一步加强。

第二，地铁安全防控力量较弱，安保人员队伍有待壮大，人员专业素养也有待进一步提升。

第三，部分乘客安全防范意识淡薄。在个人素质以及错误认知等多种因素的影响下，部分乘客尚未意识到地铁安全的重要性，缺乏遵守相关安全管理规定的自觉性，甚至无视相关规范携带影响地铁安全运行的危险和违禁物品进入地铁，这就增加了地铁安全事故发生的可能性，增大了地铁安全防控的难度。

第四，地铁违法犯罪活动的增长与威胁。如前所述，我国现阶段正处于社会转型时期，各类社会矛盾和社会敏感问题逐渐显现，地铁空间环境狭小封闭、承载乘客流量大等弱点客观上为犯罪分子实施犯罪活动提供了可能。

五、我国地铁安全防控的对策

（一）私人矛盾：地铁公司责任何在？

从表面上看，广州地铁四号线刑案是一起由个人的情感纠纷引起的刑事案件，与地铁公司并无关系，从网络上部分媒体的报道来看，法院判决地铁公司承担赔偿责任，成为这起案件判决的争议焦点，部分网友认为这起案件明明是私人矛盾，地铁公司的赔偿责任究竟从何而来？

在广州地铁四号线刑案的审理中，罪犯和证人的证言都证实在命案发生过程中，地铁公司在被害人生命受到侵害时，并未实施有效行动来保障被害人的安全，也没有及时采取措施防止和制止事态的恶化。对于在地铁站中遇到侵害的乘客，第一时间求助的只能是地铁站内的工作人员。地铁公司对地铁站内的乘客没有尽到安全保障义务，对被害人的死亡有过错，因此应承担刑事附带民事赔偿总额20%的补充责任。

（二）增强地铁安全防控的措施

1. 法律：惩罚与保障

在依法治国的大背景下，地铁安全防控工作需要在法律框架内进行，需要国家提供良好、完善的法律环境。因此，有关立法主体应当进一步制定和完善相关法律法规，使我国的地铁安全防控工作有法可依。同时，有关执法主体应合理执法，司法机关应做到公正司法，以此保证安全防控工作的有效开展。

此外，全社会还应加强对相关法律规范的学习与遵守，以期在地铁安全防控方面形成全民守法的良好局面。在我国城市轨道交通领域现有综合性法规的基础之上，针对其中较为笼统的规定，立法者应结合实际情况制定更为具体细致的实施细则，以增强法律法规的可操作性。针对地铁安全防控问题，中央立法机关还可以尝试进行专门的统一立法，进一步对防控主体、职责、标准、监管以及法律责任等重要问题加以明确。同时，还应加强地铁防控立法与刑法、治安管理处罚法等法律法规的协调与衔接，以便更好地打击地铁恶性犯罪活动。除此之外，结合我国《城市轨道交通安全防范系统技术要求》中规定的国家标准，各地方应当结合自身实际情况，依法制定相应的地方安全防控标准等。

2. 地铁：基础与安全

首先，地铁安全建设需要充足的经费保障。各级政府部门可视国家交通规划的执行情况加大在地铁安全方面的经费支持；运营单位需要对安全防控、安全事故应急处理等方面所需资金，作出合理安排；其他社会主体也可以积极地承担社会责任，地铁安全防控工作筹措必要的运行资金。物质和技术基础是城市地铁修建和运营的前提，地铁的安全运营也需要充足的物质保障和技术保障。

另外，地铁安全防控需要有充足、专业的人才储备。我国现有的地铁安防力量相对薄弱，因此在后续的地铁安全保障过程中，有关主体应当贯彻落实国家制定的相关法规政策，积极吸收优秀人才投入地铁安全防控工作。一方面，可以通过运营单位自主招聘的方式扩大对地铁安检口、车站站点、车厢等重要节点巡检巡查工作人员的配备；另一方面，已经设有或准备设立专门地铁公安机关的城市，也可以尽可能科学地部署警务，增加相应人员编制，对地铁犯罪行为进行高效的打击控制等。

3. 民众：提高安全意识

如前所述，人民群众应是地铁安全防控工作机制中不可替代的重要力量。因此，加强地铁安全防控需要引导人民群众积极参与并发挥其主观能动性，提高人民群众的安全防范意识与能力，从而推动多方主体在维护和保障地铁安全方面的协同合作。

一方面，应当做好安全教育与防范宣传工作。政府以及地铁运营单位可以将网络社交平台以及电视媒体等线上平台和线下宣传方式相结合，如运营单位组织相关工作人员或者志愿者进入社区、校园开展专题宣讲，在地铁站点、列车车厢张贴标语或播放宣传片等。

另一方面，要采取有效措施推动人民群众在地铁安全防控工作中的积极参与。这需要畅通人民群众的意见表达渠道，如通过官方微信、微博、举报电话等平台让乘客在遇到危险情况时能快速有效地进行求助、举报，表达渠道的畅通也可以使相应的责任单位第一时间快速地排查、消除安全隐患。

六、结 语

广州四号线地铁刑案表面上是由个人纠纷引起的，但背后的地铁安全防控问题不可忽视。本案中的法院判决充分说明了地铁公司对于其站场内的乘客负有保障其安全的义务。地铁安全是城市安全的重要组成部分，加强地铁安全防控对于维护城市安全稳定以及预防、控制犯罪具有积极作用。目前我国地铁建设取得了重大进展，在安全防控方面也投入较大，但在实践过程中仍存在立法不健全、工作机制不完善、防控力量不足等缺陷。因此，有必要健全法律规范、完善技术设备、壮大人才队伍、加强宣传教育，以及采用多方社会主体协同治理等措施建立健全地铁安全防控工作机制，共同推动我国城市地铁的安全建设与高质量发展。

思 考 题

1. 以"风险社会"理论为依托，本案例中的地铁安全防控在哪个方面出现了问题？如何完善？

2. 在"社会共治"背景下，地铁安全防控涉及哪些主体？如何实现地铁安全防控的"社会共治"？

3. 如何理解本案例中"地铁运营单位的安全保障义务"？制止刑事犯罪是否超出安全保障义务的范围？

第二部分　案例使用说明

一、课 前 准 备

（1）课前提前一周将案例正文发放给学生，要求熟悉相关内容。

（2）将学生分成三个小组，每个小组代表本案例中的一方主体（包括政府、地铁公司、案件当事人），课前进行讨论，收集相关资料，做好课上分组讨论的准备。

（3）要求三个小组的学生分别对本案例中涉及的法律依据进行整理，

并收集地铁安全事件相关的现实判例和法律文书，分别负责 1 道思考题，课上进行展示。

二、适 用 对 象

本案例适用于公共管理硕士（MPA）《公共危机与应急管理》课程的综合案例。

三、教 学 目 标

本案例旨在通过"广州地铁四号线刑案"，对我国地铁安全防控的现状及问题进行深入分析，使学生对我国城市的轨道交通安全防控问题形成一个基本的知识框架。掌握风险社会理论、社会共治理论和安全保障义务理论的主要内容，明确地铁安全防控系统中各方主体的法律责任依据，运用这些理论分析本案例中不同主体内部的管理问题、法律关系以及风险防控的设计缺陷，寻求能够进一步加强地铁安全防控的现实路径，为各方责任主体弥补和完善地铁安全防控总结现实经验，帮助学生形成科学系统的风险防控意识，扎实的地铁安全防控知识基础。

四、教 学 内 容 及 要 点 分 析

（一）案例涉及的理论与要点

1. 风险社会理论

"风险社会"是乌尔里希·贝克创设的一个概念，他将当前的现代社会诊断为"风险社会"。风险社会的典型特征围绕着"风险"展开，社会民众身处于工业社会制造的生存风险之中，这种人为制造的风险似乎是步入工业时代的必然产物。这种风险和传统风险相比，覆盖范围更大，持续时间更长。他认为，西方社会的经济、政治、法律制度都是风险社会的一

部分,并加深了风险真相的隐藏。贝克倡导自反性现代化,其对现代社会的反思经过众多思想家的阐述和完善,逐渐形成一种系统的、完整的理论体系,逐渐形成了技术风险、制度风险和文化风险的三大研究路径。地铁安全风险是诸多因素综合作用的结果,首先是技术设计缺陷或技术操作失误的潜在可能,其次是制度安排、政策规划的制度化风险,最后是作用于特大城市社会生活方方面面的社会文化心态风险。

风险社会理论主要观点包括:从稳定程度来看,现代化进程中所产生的风险与危害成为现代化要求下的潜在"副作用",现代风险相较于传统风险有着更强的不确定性,这是风险制度本身所导致的一种不利后果;从覆盖范围上看,全球化趋势成为全球范围危害的导火索,这种情况不是某个国家或某个组织所特有的情形;动植物在当今全球范围内所遭受的不可逆转的威胁便是其表现之一。除了以上观点,贝克还从核心家庭的形式、就业体系的"整合"、科学技术的制度化等角度出发对风险社会进行了描述。

2. 社会共治理论

社会共治理论本身并不是一个已经成熟的理论,该理论与"协同治理"颇为相似,因此也常常一并出现在学术讨论的场合。要厘清社会共治理论的发展脉络,则需要将其放在"治理"这一庞大的理论体系中进行分析和理解。治理理论生长于西方政治的改革环境之中,迫切希望将对传统国家行政的关注转移至各种社会公共组织和民众上来。在这种观念的转型过程之中,产生了一系列与社会共治相联系的话语或治理方式,其中就包括共治(co-governance)、协商治理(deliberative governance)等理论。社会共治在我国的实践领域主要是食品安全,但其表达的主要是"多元主体"和"协同治理",即社会各方主体合理表达诉求,并与政府机构联手参与公共事务的管理工作,这一观点根植于西方的"公众参与"模式,但在我国,部分学者倡导将社会共治模式与我国的传统治理思想相联系,以丰富社会共治理论的基本内涵,谋求社会共治治理模式的新发展。作为在我国国家治理体系和治理能力现代化的背景下建构起来的社会治理话语,社会共治理论表达了对于政府职能过载和社会自治能力不足的问题的关注，同时提供了一种合理配置管理职能的现实路径，为政府"减负"，激发社会活力。有效提升公共服务水平，提高民众幸福指数，社会共治在治理体系中，与协同治理简政放权等理论共同作用于社会公共事务的治理工程。

3. 安全保障义务理论

安全保障义务具体是指宾馆、商场、银行、车站、机场、体育场馆、娱乐场所等经营场所、公共场所的经营者、管理者或者群众性活动的组织者，未尽到安全保障义务，造成他人损害的，应当承担侵权责任。

安全保障义务最早来源于德国的"一般交往安全义务说"，但两者并不完全相同。我国安全保障义务理论的发展需要联系相关的司法裁判，其经历了从合同义务到法定义务，再从法定义务到一般安全注意义务的阶段，其中理念的转变主要受德国法理论的影响，不同阶段的司法裁判是不同理论学说影响之下的产物。如从合同义务到法定义务的发展期间，人民法院并未形成安全保障义务的概念，但是以《中华人民共和国消费者权益保护法》为中介，经营者的合同义务隐隐有了向法定义务转变的趋向。而从法定义务到如今的安全保障义务，我国学者对于"一般民事主体负有防范不特定危险的注意义务"这一观点的认可，推动了我国安全保障义务理论的形成。即在侵权法中，公共场所或公共活动的经营者、管理者和组织者需要保障其场所内的民众或活动参与人员的合法权益。但安全保障义务的界定问题和具体义务形式与安全保障义务理论相伴而生，安全保障义务的泛化与义务内容扩大化的问题是安全保障义务理论的主要研究热点。

（二）案例思考题分析要点

1. 以"风险社会"理论为依托，本案例中的地铁安全防控在哪个方面出现了问题？如何完善？

风险社会研究目前主要包括技术风险、制度风险和文化风险三类研究路径，城市地铁安全风险是各种因素综合作用的结果，首先是技术领域内的失误，其次是制度设计上的缺陷与风险防控制度的不完善。最后是内容复杂的社会文化心态风险。就本案的主要矛盾进行分析，制度风险和社会文化心态风险的问题最为典型。

（1）制度风险问题。

制度风险包括四个部分的内容，主要与地铁规划、建设、运营与维护的总体流程相对应。本案发生时，地铁交通处于运营状态，因此主要涉及地铁运营和应急两个方面的内容。一是在地铁的运营工作中，地铁公司作为广州地铁四号线新造站的经营者和管理者，应当对在站场内的乘客尽到安全保障义务。但是在案发过程中，地铁公司没有及时采取措施防止和制止事态的恶化，对地铁站内的乘客没有尽到安全保障义务，对被害人的死亡有过错。二是地铁安全应急管理水平低。从本案的案发过程来看，地铁运营方存在安全管理水平不高，应急经验不足等问题。完善以上问题，需要从以下两个方面入手：

一是做好地铁运营工作，应当严格执行国家各种强制性标准，完善安全制度，提升地铁运营或监管部门执行各项安全制度的力度。

二是将城市地铁安全应急管理工作纳入市应急管理局统一指挥体系，形成分工协作，责任明确，预防为主，统一领导的应急联动机制。对潜在的犯罪行为进行布控，实现反恐演练常态化。

（2）社会文化心态风险问题。

社会文化不仅能够反映社会的变迁与发展，还能反作用于社会存在和经济建设。本案源于私人纠纷，惨案的背后折射出的是社会公众的个体权利义务意识和公德意识，在地铁这类密闭性较强的公共空间中，私人情绪的失控极易演变为一场恶性事件。要完善地铁安全防控的建设，需要控制负面的社会文化心态，重视安全教育和道德宣传，才能一定程度上有效预防地铁安全风险。

2. 在"社会共治"背景下，地铁安全防控涉及哪些主体？如何实现地铁安全防控的"社会共治"？

广州地铁四号线刑案的争议焦点主要涉及地铁公司和当事人间的责任分配问题。但政府在地铁安全防控规划中的作用仍不可忽视。因此主要涉及政府、地铁运营单位及社会公众三类主体。

政府首先要扮演好领导规划、协调统筹、扶持监督的"大家长"角色，政府的公安、消防、反恐、医疗卫生等管理部门应当在充分履行好自身职责的同时加强各部门之间的资源整合与综合协同，改变以往各部门之间"条条"或"条块"分割的弊端，发挥好政府部门在地铁安全防控工作中的主体作用。

地铁运营单位应当做好自身的安全生产和运营工作，为社会公众提供高质量、高水平的服务，积极承担并履行社会责任。因此，运营单位在地铁安全防控方面应加大资金、人才等资源要素的投入，与政府部门进行信息沟通并协助政府做好安全防控治理。

社会公众既是地铁安全防控中的"保护对象"，也是参与主体。社会公众一方面应积极接受宣传教育，提高安全意识，杜绝潜在危险；另一方面，在地铁突发安全事故时应积极采取措施进行自救，尽可能将损害降至最低。

3. 如何理解本案例中"地铁运营单位的安全保障义务"？制止刑事犯罪是否超出安全保障义务的范围？

安全保障义务是一种法定义务。具体是指经营者在经营场所对消费者、潜在的消费者或者其他进入服务场所的人的人身和财产安全依法承担的安全保障义务。其义务主体为服务场所的经营者，包括服务场所的所有者、管理者、承包经营者等对该场所负有法定安全保障义务或者具有事实上控制力的公民、法人或其他社会组织。

安全保障义务根据义务人身份的差异，主要分为安全警示义务、风险管理义务、监督义务、组织义务、调查义务、保管、保护义务。

就本案案发时的情况来看，地铁公司在被害人遭遇不法侵害之前，并未尽到合理的风险管理义务，对潜在的风险适时规范和预防；在不法侵害正在进行时，地铁公司的安保人员也没有采取相应行动控制损害的发生或扩大。但在地铁安全防控中强调地铁公司的安全保障义务的同时，也要注意避免经营者安全保障义务边界扩大化的问题。减少安全保障义务泛化的现象，更有利于安全保障义务制度设置目标的实现。

五、教学安排

本案例可以作为专门的案例讨论课来进行。按照时间进度，建议课堂计划做如下安排：

1. 案例背景及内容的课堂介绍（10分钟）

广州地铁四号线刑案背景介绍，重点分析案例中地铁运营单位的安全保障义务及风险防控问题；明确教学目的、讨论主题以及课堂计划和时间安排。

2. 第一阶段课堂讨论（40分钟）

三个小组分别代表案例中三方主体，各自进行符合所代表主体立场的陈述，通过还原案例中各方主体间的关系对该地铁安全事件进行分析。

3. 启发点评（20分钟）

对思考题中有关的理论依据、解析逻辑进行探讨，教师可根据教学要求，简单介绍本案例中涉及的相关理论，并进行思考题的解答分析。

4. 第二阶段课堂讨论和总结（20分钟）

在教师启发点评的基础上，引导学生进一步课堂讨论，并进行归纳总结。

六、参考文献

［1］［德］乌尔里希·贝克著．风险社会：案例时代性之路［M］．张闻杰，何博闻译，南京：译林出版社，2018．

［2］张晶，董洁，肖梦露．我国地铁安全防控的现状及对策研究［J］．湖南警察学院学报，2022，34（1）：72－78．

［3］汪倪杰．论《民法典》视域下安全保障义务的边界——对第140、141号指导案例的理论回应［J］．法商研究，2022（6）：115－118．

［4］王伯承，张广利．新时代特大城市地铁安全风险的社会学解析［J］．中州学刊，2020（1）：87－94．

［5］刘乃梁．公共危机的社会共治：制度逻辑与法治进路［J］．江西财经大学学报，2020（6）：114 – 124.

［6］刘召成．违反安全保障义务侵权责任的体系构造［J］．国家检察官学院学报，2019（6）：53 – 66.

［7］张广利，黄成亮．风险社会理论本土化：理论、经验及限度［J］．华东理工大学学报（社会科学版），2018（2）：10 – 16.

［8］蓝煜昕．社会共治的话语与理论脉络［J］．中国行政管理，2017（7）：105 – 110.

［9］王民开．银行安全保障义务案例浅析［J］．贵州农村金融，2010（12）：33 – 35.

［10］http：//www. cnnb. com. cn/ll/system/2019/04/18/030044733. shtml.

［11］http：//rmfyb. chinacourt. org/paper/html/2013 – 09/07/content_70252. htm? div = – 1；https：//susong. tian yancha. com/bbb3b5e9850a4c7d902067dd3e5e115e，2019 – 07 – 08.